Darf es ein bisschen Martin sein ?!

Mein Leben, jenseits des guten Geschmacks !!!

Martin Kucher

In meinen Buch werdet Ihr Rechtschreibfehler ohne Ende finden.

In vielleicht einer weiteren Auflage, werde ich diese Fehler entfernen. Aber seht dieses Buch als eine Art UNIKAT !!!

Ich wünsche euch nun viel Spass beim Lesen und hoffentlich lachen.

Vorwort:

Ich bin Österreichs erfolgreichster und berühmtester Sexkolumnist, Lästerschwester, Schwerstalkoholiker, Masseur aus Leidenschaft und Künstler in jeder Hinsicht. Ich habe mit über 1 Million Männern geschlafen und bin einer der führenden Sexperten Kärntens.

In meinen neuen Buch präsentiere ich euch eine Sammlung meiner besten neuen unveröffentlichten Kolumnen und unzählige neue, noch nie veröffentlichte Kapitel aus meinen schillernden Leben. Erstmals werde ich auch Kurzgeschichten veröffentlichen, die aus moralischen Gründen normal nicht abgedruckt werden. Noch nie war ich versauter, witziger und böser als 2020. Intellektuell und auf den Punkt gebracht schildere ich mit und ohne Übertreibungen mein gesamtes Leben. Frustriert und Glücklich beschreibe ich euch ein Leben jenseits des guten Geschmacks. Ich lebe ständig über meine Verhältnisse und nehme euch mit in eine absurde Welt aus Intrigen, Lügen und Sexualität.

Dieses Buch wird euch definitiv SÜCHTIG machen. Wenn man erst begonnen hat zu lesen, kann man es nicht mehr aus der Hand legen. LACHAUSBRÜCHE und SCHOCKER garantiert !!!

Über viele Jahre musstet ihr auf das neue Meisterwerk warten. JETZT IST ES DA !!!

Der gesamt Inhalt meines Buches ist frei erfunden und dahergelogen dass sich die Balken biegen. Ähnlichkeiten mit Personen, ob Lebend oder schon dahingerafft sind rein zufällig. Die Namen der niedergeschriebenen Menschen in meinen Buch sind auch die reinste FICKtion !!!

Es ist nun das zweite Buch in Folge und diesmal widme ich dieses Buch in aller Ehren meinen besten Freunden NADJA und CHRISTOPH !!!

Selbstverständlich auch meinen lieben MICHI !!! Vorsätzlich von mir als Mr. Notgeil genannt !!!

Die Drei sind meine allerbesten Freunde. Und wer kann schon behaupten ein Transgenermädchen und zwei Schwulettenflötler in seinen engen Freundeskreis zu besitzen? Niemand – ICH SCHON !!! Ich Liebe die Drei abgöttisch und dass obwohl unsere Freundschaft auf 70% Alkoholbasis besteht. Was wäre jedoch wenn wir Nüchtern wären? Wären wir immer noch die besten Freunde???
Ich bin Dankbar dass es die Drei gibt und für alles was sie für mich aufgeben mussten. Ihr heile Welt von Spaßlosigkeit !!!

Ich weiß, sie denken immer noch dass ich mein Geld mit Prostitution verdiene, aber hey, dass ist völlig OK so. Ich kann damit umgehen und irgendwie gar nicht mal so daneben mit der Vermutung.

Ich Liebe euch von ganzen Herzen. Wir treffen uns beim Christoph mal auf ne Spermacolada. Freu mich schon. Nadja du bringst uns ein Rezeptklassiker von dir zum Schnabulieren mit.
Nadjas trockene Putenbrust !!!
Michi, du bringst deinen Hengsprügel mit !!!
Und ich bring mich mit, dass reicht !!!

Danke Nadja
Danke Christoph
Danke Michi

Mein Leben:

Heute bin ich in Menschenscheisse getreten. Ja richtig – MENSCHENSCHEISSE. Man tritt doch eigentlich nur in Hundescheisse und nicht in Menschenscheisse. Das macht mich doch zum Köter oder??? Als ich heute so um die Mittagszeit zum Campingplatz meines Vertrauens ging, ist es passiert. Einfach so. Völlig ohne Vorwarnung. Man kann sich gar nicht vorstellen wie Menschenscheisse stinkt. Also, sie sieht ja so schon nicht gut aus, aber wenn man dann reintritt und sich die schlunzige Massse auf den Sohlen der Gucci-Turnschuhe verteilt, dann ist man nur noch einen Einatmer vom Kotzen entfernt. ***Dass ist sicher die Rache der Anneliese.*** *Die hat doch auf meinen Stammplatz auf der Wiese dahingeschissen die alte Pottsau. Ich erkenn doch den Geruch aus billigen HALLOPOMMES und Weissen Spritzer !!! Ach, am Land ist sicher alles anders. In Villach, der Stadt, ist sowieso alles dreckig. Als würde da ein Stück Menschnscheisse zwischen allen grünen Elektrorollern, alten zahnlosen Menschen und was man nicht alles wegwirft, auffallen !!! Also jedenfalls hab ich meine neuen Guccischuhe ausgezogen und gleich in der Tonne entsorgt. Nun geht wieder ab in die Stadt. Genug Land für heute.*

Das Gute an Villach ist, dass es niemanden wundert wenn man in Socken rumläuft. Villach ist Asozial und ich hab mich perfekt angepasst !!!

Wie es mir sonst so geht meine Freunde – da schaun wir jetzt mal !!!

Über den letzten Sommer hinweg hab ich sehr viel abgenommen. Ich war so Jung und so herrlich Dünn wie noch nie zuvor. Dann kam CORONA und ich schau wieder gleich aus wie zuvor. Ich hätt mir dass ja sowas von denken können. Dass is ja wie immer wen man Sport macht. Am Ende ist alles umsonst. Es gibt Tage da schau ich in den Spiegel und denk mir, ***Heut würd ich mich Ficken.*** *Ach ich sags euch, es haben sich viele Dinge geändert wenn man sich selbst beim Verrotten beobachtet. Ich trinke zB. jetzt allein ohne dass ich die Gesellschaft brauche. Wie alle Alkoholiker würd ich mich als keiner bezeichnen. Ich trinke halt einfach gerne . Vor allem wenn es Probleme gibt. Ohhhh, da fällt mir ein, ich muss noch die Lebertransplantationslisten für die gutste Nadja durchstöbern. Ich frag mich ob es ne Leber von Versace gibt ???*

Es gibt nichts Eleganteres wie wenn meine beste Freundin, die an gebrochenen Herzen sowie an Cellulite leidet, säuft. *Jemand der etwas auf sich hält, sollte diesem Klischeehaften Bild einer Hollywooddiva aus den 20 igern gefälligst Nachkommen. Denn dies ist das Leben dass ich gefälligst führen möchte und nicht jenes wo ich in Menschenscheisse steig !!!*

2019 war ein schlimmes Jahr für mich, weil ich den Teufel einen blasen wollte, weil ich jede Nacht mit dem Tod fickte. ***Panikattacken traten ein und ich hab meinen Verstand verloren.*** *Jedenfalls hab ich mich eines Tages für zu alt gehalten und irgendwann zwischen 30 und letzter Woche hab ich mich Botoxen lasssen. Meine Lippen hab ich mir auch verdicken lassen. Das lenkt auch irgendwie vom Rest ab.*

Jetzt hab ich ne schreckliche Fratze und warte bis die Wirkung nachlässt. Ich setze mal voraus dass meine Freunde mich als misslungenes Experiment wahrnehmen. Aber warum mein Freund der ebenfalls Martin heißt, immer noch Liebt und massenhafte Verehrer mich immer noch Bumsen wollen, bleibt mir ein Rätsel. Vielleicht seh ich von hinten besser aus. Man weiß es nicht !!!

Aber mein Interesse gilt nicht immer der Hinterseite. Ich mag es auch sehr, Männer von vorne zu sehen. Ihnen durch Ihre Augen in die Seele zu blicken oder Ihnen Sperma durch den Penis abzusaugen. Kööööööstlich !!! **Also ich war doch schon immer ein Macher !!!**

Die Geschäfte laufen Prima was daran liegt dass ich ein wahrer Künstler bin. Irgendwann hat meine Vielfalt an Berufen eine Breite angenommen dass ich mich nur noch als Künstler bezeichne. Würde ich Leuten alles aufzählen was ich mache, würden alle den Verstand verlieren. Die würden auch sicher denken dass ich deswegen so viel mache weil ich in nichts wirklich Gut bin. Bei mir ist dass anders. **In allen was ich mache bin ich eine Senastion !!!** *Aber bevor ich dass jeden einzeln erklären muss was einer Weltumsegelung gleichgestellt wäre, will ich da einfach meine Ruhe haben. Jeder wer möchte kann sich ja mit meinen Gesamtkunstwerk auseinandersetzen und wenn man dies Ausführlich genug macht, merkt man völlig automatisch dass ich ein Genie bin !!!*

Mein Freundeskreis hat sich auch nicht wesentlich verändert seit ich in der Stadt wohne. Auch wenn alle meine Freunde gehässige Schlampen sind, so kann ich auf jeden zählen. Sie sind die Säulen meines Lebens. Tja und was soll man auch groß machen . Entweder man hat Freunde oder man bringt sich um. Aber Selbstmord wäre keine Option für mich. Zumindest kein absichtlicher Selbstmord. Aber Unfälle passieren.

Naja, letztendlich bin ich doch viel zu Eitel und viel zu neugierig um mich umzubringen. Ich könnte was verpassen und alle Feiern einfach Ihr Leben weiter und selbst ist man dann schnell vergessen. Nein Ohne mich !!! Vielleicht steh ich mal ohne Mann, Liebhaber oder meine Freunde da, aber was solls. Sicher, ich wäre schrecklich Traurig und Einsam, aber so lang es Drogen und Alkohol gibt, lohnt sich LEBEN noch !!! Ich bin ein Genussmensch. Als blutiger Amateur wartet der Tot sicher in jeder Ecke. Drogen sind ja eine Art Religion. Man betet sie an und sie bereiten eine schöne Zeit. Dass gibt einen doch mehr als jeden Sonntag zur Kirche zu gehen und dort rumzugammeln. Ach ja, und auch billiger !!!

Mein bester Freund Christoph ist praktizierender Buddhist. Was der im Monat Geld investieren muss. Es kommen teure Autofahrten hinzu, um vom ersten Buddhistischen Tempel des Namens ACTION in Maria Gail bis zum nächsten des Namens RITUALS im Atrio, zu kommen. ***Aber man muss manchmal raus um Menschen zu belästigen und sie einer Gehirnwäsche zu unterziehen.*** *Wenn Christoph das hier liest wird er sicher angepisst sein.*

Aber der Glaube ist das einzige was ihm noch geblieben ist, neben 500 Kilo Lebendgewicht und HOMESHOPPING. Seitdem er regelmäßig betet, kauft er jedes erdenkliche Kosmetische Produkt von Judith Williams auf HSE24. Deswegen kommt er auch nicht mehr mit in den Urlaub. Die einzige Person die Urlaub macht ist Judith. Offiziell ist Christoph nicht Homeshopping süchtig. Aber bei einen Einkommen von über 36.000 Euro im Jahr, muss er eine Million Euro an Steuern zahlen. Niemand in unseren Freundeskreis redet gern darüber, aber wir alle wissen es.

Von wegen Spar. Ich kann ja vom Glück reden, da mein größtes Problem Menschenscheisse ist !!!

Scheisse in der Wanne:

Das Leben kann ja manchmal wirklich furchtbar sein. Und tatsächlich kann es dann auch passieren dass dann unverhofft das Leben einen aus dem Gleichgewicht bringt.

Das WC Papier ist ausgegangen und man merkt das erst wenn der braune Omnibus den Tunnel verlassen hat. Man bekommt Besuch und hat vergessen Sekt, Champagner und Bier zu kühlen. Es juckt im Schritt und man findet Filzläuse. Mann, Mann, Mann, keiner ist davor geschützt.
Mir persönlich geht's aber ganz gut. Stress hab ich eigentlich nur wenn ich zu viele Massagekunden auf einmal hab und ich noch was einsingen möchte und ein Buch schreiben will und so weiter und so weiter.
Geschlechtskrankheiten haben bei mir sowieso keine Chance. Mein täglicher Drogenkonsum ist für Viren und Bakterien aller Art tödlich.

Da ich das aber oft satt hab, ständig als der wahrgenommene Oraltraum zu gelten, sehn ich mich nach jemanden der nichts mit meiner glitzernden Welt zu tun hat. Jemanden aus dem gemeinen Volk, jemanden der dreckig ist. Der Verrucht ist und nur so vor Männlichkeit strotzt. Seit ich in Villach wohne, flirte ich mit einen Hetero der im Atrio arbeitet. Er schiebt dort die Einkaufswagen von frustierten Hausfrauen, denen er auch gleich unter den Rock fingern kann. Da er immerzu diesen Genussgerüchen von Fischabfällen ausgesetzt ist, ist er immer etwas leicht angegeilt. Und das beste ist, dass er nur Jogginghose trägt. Man sieht jeden Zentimeter seiner Fleischpeitsche und manchmal ein kleines Tröpfchen das er abgesondert hat. Hier und da ist seine Jogginghose so kaputt und löchrig das ich seine Hoden aus einen großen Loch baumeln sehe. Nie kam es zwischen uns zu körperlichen Berührungen. Ich bereute es immer. DOCH DANN...

Ich bin zufällig im Atrio und zufällig betrunken und spreche ihn an. FICKEN? - Er: JA !!!
Meine Arschfalte hat sich schlagartig geöffnet. Also schnell auf zu mir.

In meiner Wohnküche ziehn wir uns aus und

ANGST und blankes ENTSETZEN !!!
Sein Körper ist zwar Definiert, aber er wurde seit Beginn seiner Heroinsucht nicht mehr in Schuss gehalten. Was solls. Es ist ja Weihnachten und ich bin ein Samariter. Auserdem ist meine Herrenscheide schon feucht. Seine Eier baumeln auch gar nicht mehr. Sie kleben schon fest am Oberschenkel. Bin ich froh Fettlöser gekauft zu haben. Ich entstaube seine Oboe, reinige die Triangel und poliere seinen Zimtstern. ***Hach, ich Liebe Weihnachten.***

Die Zeit vergeht und wir werden Nüchtern. Scheisse. Aus den aufgetuschen hübschen Martin wird nach und nach eine hässliche Fratze. Das Heroin lässt bei ihm nach und er erkennt mich wieder. Also dass er jetzt Nüchtern wird ist das letzte was ich will. Schnell laufe ich in die Stadt und in der Lederergasse kaufe ich schnell 5 Gramm Kokain. Sicher ist sicher.

So um die 15 Minuten später war ich wieder zu Hause angekommen. Und siehe da: Mein Fernseher, mein Laptop und mein Handy sowie meine Würde sind weg. Ebenso hat er mir in die Badewanne reingeschissen. Dass war wohl sein schönstes Weihnachten.

Öffentliche Toiletten:

Wir alle kennen öffentliche Toiletten. Es sind kleine Darkrooms in denen man sich jederzeit eine Geschlechtskrankheit holen kann. In Villach gibt's gleich mehrere. Und Österreichweit sicher so um die 3000. Beliebt sind die Toiletten gegen Abend. Da kommen viele Familienväter auf'n Lutscherchen vorbei bevor sie zu Ihrer Familie fahren.

Auf einer öffentlichen Toilette geht immer was, aber die Auswahl ist sooooo begrenzt. Hier tummeln sich extrem viele Opfer. Stinkende LKW Fahrer, Sexsüchtige, Drogensüchtige und Stricherjungs. Eine kleine exquisite Auswahl in Villach eben.

Vor über 10 Jahren war ich auch mal auf so einen Toilettengang. Na, ich musste mir doch mein eigenes Bild machen und sehen was da so stimmt und was nicht. Ich konnte gar nicht mal mehr blinzeln so schnell war ein alter 70 Jähriger Schamhaarträger mit Grauen Vorhang auf mir drauf. Es war zwar keine richtige Vergewaltigung, aber ich wollt es eigentlich trotzdem nicht. Aber was soll man machen wenn man von einer vergerbten fetten Sau besprungen wird. Also da heißt es doch dass alte Menschen benachteiligt wären in unserer Gesellschaft. Trifft bei mir nicht zu. Es war der pure Ekel und also nur für besonders Perverse und Zurückgebliebene.

Wenn es irgendwo in Villach frischen Sex gibt, bin ich der erste der da ist. Und nur für euch testete ich da die öffentliche Toilette die in unmittelbarer Nähe des „Sterns“ befindet. Der Stern ist ein Schwulencafe/Restaurant in der Stadt.

Natürlich berücksichte ich die Bürozeiten und so bin ich kurz nach 18 Uhr in so einer Toilette. Angezogen wie der letzte Penner aber bewaffnet mit Pfefferspray und Buttermesser. Beim Eingang an den Waschbecken teilten sich 2 Syrer einen Tschechen. Mal leckte der eine seine Eier, dann nuckelte der andere wieder daran. Wenn ich nicht richtig gesehen hätte, würde ich sagen sie wollen ihn Fressen !!!
Ich huschte an den getummel vorbei und rettete mich in eine Toilette. Gott erhörte mich also, denn da stand ein schnöner Mann drin. Ich drückte mich an Ihn. Doch was war dass füe ein ätzender Geruch. ***Neeeeeein.*** *Der Schönling hat seine Hose nicht zum Ficken runtergelassen. Es ist so Typisch für mich. Genau ich lande bei dem einzigen der wirklich nur zum Scheissen gekommen ist.*

Der Appetit nach Penis ist mir an diesen Abend vergangen. Im Sommer komm ich vielleicht nochmal vorbei wenn es regnet. Bei einen sonnigen Sommertag bin ich doch am See !!!

Auf dem Weg von der Toilette nach Hause kam mir übrigens mein bester Freund Christoph entgegen. Ich hoff doch stark dass er nur Kacken gehen wollte.

Letztes mal beim MÖMAX:

Als echter Villacher gilt man erst wenn man einen verschuldeten Bauer aus Maria Gail einen Hof für 20.000 Euro abkauft und die vielen Quadratmeter anschließend saniert um den Landeiern zu zeigen wie man richtig Silvester feiert.

Ja, ich lebte mal am Land und mein Haus war zwanzig mal größer als mein Hauptwohnsitz in der Stadt. Und da ist es wohl klar dass hier Billig Discount Möbel Schrott ins Haus kommt. Na die Leute sollen doch reden auf dem Land. Und genau aus diesem Grund ging ich zum Mömax, oder liebevoll „Möbel Hitler" von mir genannt.

Als Schnellshopper und gutgläubiger Mensch bin ich schnell in jedes Fettnäpfchen getreten, dass es gibt. 10 bis 70 % auf alles ?! Ja genau. So ein Scheiss. Dies gilt nur für den ersten Stock und dass nur an geraden Tagen. Der Rabatt ab einen Einkauf von 150.000 Euro gibt's auch nicht gleich sondern nur beim nächsten mal wenn man was kaufen will. Mein Kaffeegutschein wurde vom Spaßlosen Verkäufer auch nicht akzeptiert, weil er nur an Samstagen zum einlösen geht. Aber dann auch nur wenn man Familie ist und Kinder hat. Horror.

Mann, Mann, Mann, wär das nicht schon Theater genug, geht's zu Hause weiter wenn die Möbelpacker kommen und den Dreck auch noch aufbauen. Gleich am Anfang regten sich die Fetten Hässlichen Arbeiter so auf dass sie vom Parkplatz bis zur Wohnungstür so weit zu Fuß gehen müssen. Was würden die Gesichtsunfälle wohl machen wenn ich in einen Altbau im 10. Stock ohne Lift wohnen würde. Naja, jedenfalls beruhigte ich die Jungs mit nen köstlich aromatischen Kaffee aus meiner neuen Maschine und gab auch gleich Ein bis Drölf Schuss Rum rein. Beim Aufbau waren aber von den dreien nur 2 beteiligt, weil ich den hübschen auf den Dachboden verschleppte zum bumsen.

Total fertiggehämmert wieder unten angekommen bin ich über ne halbe Stunde dermaßen beschimpft worden was ich für ein Asozialer Stricher sei, weil ich solche Drecksmöbel kauf die so extrem Kompliziert zum Zusammenbauen sind. Mein Kaffee war ihnen auch zu stark und so weiter und so fort. Ich wurde von verschwitzten Fetten und dreckigen Männern ohne Abitur, geschweige denn irgendeiner Ausbildung und die in ihren Leben nichts geleistet haben, fertig gemacht.

Unter Tränen, auf meinen Knien und der Ohnmacht nahe, bat ich um Vergebung. Wer mich kennt weiss dass es da schon zu spät ist und ich die Kontrolle komplett verliere.

Nachdem ich nochmal alle Möbel die ich ja bereits gekauft hatte, nochmal bezahlen musste, bekam ich da nicht mal eine Quittung. Als ich diese aber verlangte wurden mir Schläge angedroht.

Mehrere Stunden vergingen und es kam zur vollendeten Rechnung.

Der kleine Fette mit der Warze auf der Stirn besorgte es mir ohne Pariser in meinen neuen Bett. Der lange dürre ohne Zähne in der Fresse, wixte mir die ganze Küche voll und Mansur vom Dachboden, fickte mich so knallhart auf dem Glastisch im Wohnzimmer dass er kaputt ging.

Nach einer kurzen Pause gings mit Bukkake im Bad weiter. Anschließend wurde ich zum **Uschi Glas Gedächtnis Schwanz Roulett** *unterm Esstisch gezwungen. Als alle fertig waren, pisste mir der Zahnlose noch ins Maul. Dann gingen sie endlich. Auf dem Weg zum LKW entsorgten sie alle Ihre Bierdosen in meinen schönen Teich und töteten alle Fische. Schade dass meine Selbst-Schuss-Anlage noch nicht fertig war.*

Wochen später erhole ich mich immer noch von der Syphilis, quäle mich bei jeden Toilettengang mit den Feigwarzen, so groß wie ne Faust und den schrecklichen Rachentripper. Danke Mansur.

Gott sei Dank kaufe ich nicht bei Ikea, denn da heißen die Möbel schon wie Krankheiten.

Jetzt müsste ich mal mit Aufräumen beginnen.

Mini Sticks:

Nach Atombomben und Nadja´s Exliebhaber, Adolf Hitler, ist es ausgerechnet der kleine Penis der sich höchster Unbeliebtheit erfreut. Und davon sind 50% der Männer betroffen. Ich bin mir auch sicher das 100% der Menschheit schon mal Kontakt hatte mit so einen kleinen Würmchen.

Wie Zecken lauern diese Mini Sticks einfach überall und ständig bereit einen zu beflecken. Überall suchen winzige Schwänze ihr kleines Glück. Warum frag ich mich, gibt's kleine Penise wenn sie keiner haben will?

Um Inzucht zu vermeiden und Frauen die Beckenschmerzen zu ersparen dürfen halt die kleinen auch mitmischen. Da wendet die Evolution aber einen geilen Trick an. Sie schenkt den Besitzern von kleinen Schwengeln meist ein attraktive Hülle, einen geilen Körpergeruch oder eben auch tolle Haare. Seht nicht mich an ey.

Ich hatte schon die größten Türsteher mit den geilsten Muskeln, berühmte Musiker, Staatsanwälte, Fußballer, Moderatoren mit Minderwertigkeitskomplexen und richtig geile Männer mit dicken Beulen. Sie alle hatten kleine Schwänze. Manchmal richtig große Hoden, aber dennoch winzige Glieder. Also weit unter 10 Zentimeter.

Ich sehe es aber als meine Pflicht, überall Gutes zu tun und so gebe ich auch Männern mit Cornichons das Gefühl der geilste und beste zu sein. Bei mir geht niemand leer aus, denn viele sind ja mit einem beschissenen Job schon genug bestraft.

Es ist fast so wie bei meiner besten Freundin Nadja, die Ihren Schnorrerfreund den letzten Schnaps einflößt bevor sie ihn mit einen Lächeln auf den Lippen die Nudel Poliert. *Und versucht mal danach zu Pfeifen. Die kleinen Spärmchen sind überall.*

Was schreib ich denn da ??? Irgendwo zwischen Seite 5 oder 6 beim Schreiben dieses Buches , muss ich völlig Verrückt geworden sein.

Schwule mit einen kleinen Penis haben es da viel einfacher als Heteros. Man macht einfach einen auf passiv und lässt sich ordentlich durchtrümmern. Das macht nicht nur ganz Villach Glücklich sondern man hat dabei jede Menge Spass und Orgasmen dabei.

Als Heterosexuellen Mann mit einen kleinen Schwanz bleibt eigentlich nur noch der Selbstmord übrig. Es sei den man ist Reich. Denn dann finden sich ja immer ein paar Schlampen. Männern mit keinen Pimmeln rate ich den Sexualpartner unter Drogen zu setzen, denn ein kleiner Schwanz ist nur dann gut wenn man das Bewusstsein verlagert.

Aber was tun, wenn einen völlig unerwartet ein kleiner Stängel unterkommt ???

Entweder Ihr seid uneigenützig und macht etwas für das Wohl der Menschheit oder ihr sagt einfach dass Ihr Durchfall habt.

Und dass ist ja die beste Ausrede für alles. Denn mit Durchfall will ja keiner was zu tun haben.

Und falls das zu Ekelhaft ist, dann lauft, lauft so schnell ihr nur könnt und wählt den Notruf. Ich hab schon 5 Herzinfarkte hinter mir. Aber bei einen kleinen Schwanz wähle ich sofort den Notruf des Villacher Krankenhauses. Ich find das so unerhört dass man bei solchen Problemen vom Staat und der Gesellschaft allein gelassen wird.

Ich sollte Politiker sein, denn ich würde das Österreichische Grundrecht auf große Schwänze ändern.

Oh Gott, ich brauch ne Pause vom Schreiben. Ich bin fertig mit der Welt und den Kapitel der kleinen Schwänze !!!

Nadjas Ausdehnung:

Wenn es um das Thema „Großer Penis“ geht, ist unsre Nadja eine Expertin. *Als ehemaliger Mann und noch Träger von Ladyhödelchen, sowie einen Liebhaber mit 40 cm Schwanz hat sie da einiges zu erzählen !!!*

Große Penise sind wahnsinnig beliebt und die Gier nach Ihnen einigt Schwule und Frauen Weltweit.

Die Artenvielfalt des Penis ist schier unerschöpflich. Es gibt sie in lang, kurz, dick, dünn, krumm, schief, beschnitten, unbeschnitten, in schön und in hässlich, wohlduftend oder übel riechend. ***Letzteres tut mir für sie Leid.***

Nadjas Liebhaber ist der ehemals schöne Christian, der sich aber mehr und mehr zu „George Costanza“ aus Seinfeld entwickelt. Ja ich war auch mal mit Ihm befreundet, aber das würde jetzt den Anstand und die Sitte meines so hochinteressanten Buches sprengen darüber zu erzählen. Also zurück zu Nadjas Geschichte und Ihrer Ausdehnung durch Christian seiner Schlange mit 2 Köpfen. Ich wollte in meinen zweiten Buch nichts mehr über Anneliese schreiben, aber der vergleich passt gut.

In einen Suff vor Jahren fingerte ich die alte 60 Jährige am See. Gott war die ausgedehnt und man konnte spielend beide Hände bis zum Anschlag reinstecken und drin klatschen. *Und genau so sieht*

Nadjas Vagina aus. Sie so Jung und Prall und dann öffnet sie Ihr Höschen und die Lappen knallen Ihr bis zu den Knien runter. Und das liegt an Christian. Und dass sah ich schon selbst.

Es gibt 2 Arten von Männern die große Penise haben. Die erste Art ist Christian !!! Er trägt sein üppiges Gehänge gerne zur Schau und prahlt in engen Radlerhosen , in knapper Unterwäsche oder kaum sichtbarer Bademode, ständig damit. Er versucht sein Geschlechtsorgan andauernd in irgendeiner Körperöffnung zu parken und findet sich selbst und natürlich sein eigenes Glied so aufregend dass er bis zu 7 mal Täglich onaniert.

Die andere Art zB. wäre Christoph. Er schämt sich für sein stark ausgeprägtes Extremität und hält sich selbst als eine Art Missgeburt, die Lebenslang unter dieser üblen Laune der Natur leidet. Er trägt meist schwarze Schlabberklamotten und kaschiert seinen Penis wie Nadja Ihre Speckrollen.

Er ist sich unsicher und hasst sein Geschlechtsorgan. Nicht wissend dass er einen wahren Schatz zwischen seinen Beinen trägt. Beim Sex mit seinen Freund Michi ist er oft verunsichert und hemmungsloser Sex ist ihm fast unmöglich. Ich würd ja sagen dass er es mit seiner Freundlichkeit wieder gut macht, aber er ist ja noch so gehässig. Das fällt also auch noch weg.

Ich hörte auch dass Großlattenträger Geizig sind. Psychisch wie Physisch kann es ein Fluch werden. Christians unglaublich großes Glied ist es unmöglich zu verstecken.

Er rollt seinen Feuerwehrschlauch zusammen und klappt das Ding vor seinen Bauch nach oben. Viele denken er wäre Dick. Dabei ist er keines falls Dick. Seine Wampe besteht aus 90 % Pimmelrolle. Um irrtümliche Rundungen zu verhüllen, trägt er deshalb Übergrößen und gilt Offiziell als kräftiger Mann. Als Wuchtbrummel. Ein Teufelskreis aus dem er nicht mehr raus kommt.

Früher kamen für Nadja nur die prächtigsten Schwengel in Frage. 20 Zentimeter waren da das absolute Minimum. Bei normalen Größen kamen Ihr regelrecht die Tränen und sie verließ unter großen Geschrei die Gaststättentoilette. Für sie mussten es Salatgurken große, männliche Glieder sein, mit Eicheln so mächtig wie ein frisch gepflückter Apfel im Sommer.

Saftig und mit dem Aroma eines Mannes, der auf Befehl Brusthaare wachsen lassen kann.

Doch sie war zu gierig. Sie hatte in kurzer Zeit viel zu viele, viel zu große Schwänze. ***Schamlippen und Schließmuskel ADIEU.***

Nach all den Jahren hat für sie der alltägliche Stuhlgang nichts mehr mit Pressen und Drücken zu tun. Es ist eher so, als würde sie auf gut Glück einen vollen Mülleimer ausleeren.

Heute bevorzugt sie gerade im Analbereich kleine und normale Glieder. Die spürt sie nicht und das ist auch gut so. Es ist grad so als hätte sie keinen Sex mehr. Früher war sie für jeden Höllenritt zu haben und heut ist sie schon froh wenn Ihr nicht die Maschen von der Stricknadel rutschen.

Obwohl sie eher Schmallippig ist und einen kleinen Mund hat, muss es für sie beim Oralverkehr nach wie vor ein großer Penis sein. Sie verfügt, ähnlich wie eine Schlange, über das Talent, ihren Unterkiefer aushängen zu können und Ihre Beute in einen Stück in den Magen zu würgen.

So wird sie Satt ohne dabei zuzunehmen. Und Christian gefällts auch.

Mein Freund der Incubus:

Ich habe einen wunderbaren Freund. MARTIN. Ja unsere Namen sind Identisch. Die MARTIN's !!!

Martin ist ein Musterbeispiel an Pünktlichkeit, Treue, Loyalität und Vernunft. Er verfügt zwar über keine schnelle Auffassungsgabe, aber er ist sich stehts bemüht viel zu tun und an sich zu Arbeiten. Wäre er nicht Unheilbar erkrankt, würde er den Doktor machen. Und dennoch ist er sich nicht zu Schade meinen Scheisshaufen im Klo zu entfernen oder mein Arschloch zu rassieren.

Wenn mir um vier Uhr früh die Zigaretten ausgehen, ich um zwölf Uhr Mittags ratzedicht von Christoph oder Nadja abgeholt werden muss, oder ich einfach nur ne Fußmassage brauche: Mein Schatz Martin ist da !!!

So liebevoll und umgänglich er auch ist, wird sein Leben dennoch von einen Dämon beherrscht. Den Incubus !!! Ein Sexdämon der sich seiner Seele bemächtigte und Ihn in die reinste Sexsucht getrieben hat.

Eine Krankheit die sich auf den ersten Schuss mal harmlos anhört aber das Leben seiner Mitmenschen nach und nach zerstört.

Harmols und beinahe lustig schon hört es sich an. Ich seh Ihn schon sich in einer Talkshow vorstellen. ***HALLO, MEIN NAME IST MARTIN UND ICH BIN SEXSÜCHTIG !!!***

Für Außenstehende ein Witz und für Betroffene der nackte Wahnsinn !!!

Martin benutzt fast 24 Stunden am Tag das Datingportal GAYROMEO. Die Auswirkungen auf sein alltägliches Leben sind katastrophal. Wenn er Morgens zum Penny rüber geht, passiert es nicht selten dasss er am Gemüseregal am Eingang steht und eine Nachricht bekommt wo drin steht: ***Rudelbumsen in meiner Dachgeschosswohnung, 10 Personen. Alkohol und Drogen verhanden. Nur 100 meter entfernt.***

Wenn mein Martin sowas liest, dann ist er völlig fertig. Zittrig und dem Tropenfieber nahe stehend tätigt er seine Einkäufe zu Ende. Rennt dann wie ein räudiger Hund mit seiner Penny Einkaufstasche zur Adresse. Angekommen und Eingetreten lässt er sich dort von 10 Drogenelsen durchreichen wie ein Joint und stellt alle seine, ihm zur Verfügung stehenden Körperöffnungen bereit.

Einmal im Jahr fährt er mit dem Zug zu seine Eltern die in Tirol Leben. Schaut auf sein Handy, öffnet ROMEO und sieht dass der nächste Oralverkehr nur wenige Meter entfernt wäre. Und so entpuppt sich der Typ auf dem Sitz gegenüber von Ihm als Blasdate.

Beim Umsteigen in Salzburg verschwinden beide schnell auf der Toilette. 50 Cent muss er dafür ausgeben. Langsam geht das ganze schön ins Geld. Aber er zahlt ja, weil er so Nett ist.

Der Weg nach Hause, der Weg zum See, mit dem Pizzalieferanten von LIEFERANDO oder mit dem Penner, der besoffen vor dem Hauseingang gammelt. Martin hat immer und mit jedem Sex. Es ist so zwanghaft und fast so als würde er sterben wenn er aufhört Sex zu haben. Für uns normale Menschen ist mit Einatmen zu vergleichen. Heilung ist keine in Sicht.

Ich hab mir die Not zur Tugend gemacht und führe Martin in mein Massagebusiness ein, als das **LOCH VON VILLACH***.*

Unterm Strich hat jeder was davon.

Michi, der Parkplatz Stricher:

Vor vielen Jahren lernte ich auf meinen Stammplatz am See meinen guten Freund Michi kennen. Ein großer, starker Mann, gepflegt und rassiert.

Zuerst hielt ich unser Kennenlernen für eine Anmache und rechnete jeden Moment nach allen Regeln der Kunst vernascht zu werden. Ist dass nicht die Grundidee warum man zum See geht?

Zu meiner Enttäuschung folgte ein langes und anstrengendes Psychogespräch bei dem ich wieder den **HERRN DOKTOR** *geben musste. Irgendwie lag mir der freundliche Kerl aber am Herzen und so stand ich ihm mit Rat und Tat zur Seite.*

Er war fasziniert von mir, wie ich von Ihm. Sein großes Hobby war es damals bereits, sich auf öffentlichen Toiletten auf den Autobahnparkplätzen herumzutreiben um dort die Notgeilen Fernfahrer aus allen Ländern der Welt kostenlos Entspannung zu verschaffen.

Leider lief das Geschäft oft schleppend. Es gab immer wieder Prügel und Beschimpfungen. Was Michi ab und an sogar geil fand. Hatte er zuvor jemanden abgeblasen und wurde vom nächsten LKW Fahrer bespuckt und beschimpft, kam er sich besonders schmutzig und wie eine billige Hure vor. Was seinen extremen Raststätten Fetisch so anheizte dass er in seinen engen Jeans oft gekommen ist,

ohne sich selbst berührt zu haben.
Zur Vervollständigung seines Outfits konsultierte es nun also mich. Ein absoluter Profi auf diesem Gebiet. Zumindest könnte man es meinen. Letztendlich hab ich ihn doch falsch beraten. Um das Gespräch 2 Stunden zu verkürzen sagte ich ihm, dass wenn er sich als Frau verkleidet, er die geilsten Heten abblasen und durchficken kann und dass geile Haare und geile Schuhe wichtig wären. Alles dazwischen ist unwichtig.

Und fortan trieb er sich als Mann mit Nylons, Nagellack, einer Oma Halskette, einer billigen Faschingsperücke und teueren Latexschuhen auf den Parkplatztoiletten rund um Villach herum.

Und siehe da, alle wurden verrückt nach den kleinen Parkplatz Stricher. Er vergab sogar Termine und wurde von LKW zu LKW gereicht. Bis zu 20 ungewaschene Trucker schaffte er in einer Nacht manchmal.

War er bisher nur als Waschstrasse für Truckerpenise bekannt, gab es jetzt auch noch Analverkehr dazu. *Ich hab Michi noch nie so glücklich gesehn wie zu jener Zeit. Und dann passierte es doch ...*
... vermutlich der einzige der die Strecke Villach – Klagenfurt Nüchtern fuhr und Michi schläge androhte. Er flüchtete schnell im Wald und konnte sich in Sicherheit bringen.

Seitdem trägt unser Michi wieder Herrenschuhe. Und dass, liebe Freunde, war die Geschichte von unseren Michi, der Parkplatz Sau. Und, wenn er nicht ermordet wurde, lutscht er heute noch genüsslich, glücklich und zufrieden Schwänze auf der Autobahn.

Kärnten Therme:

Ich hasse Sport und ich Liebe Sport zugleich. Joggen kann ich schon ewig nicht mehr, weil ich zu unförmig bin und umfallen würde. Das Sommerliche Gefresse und Gesaufe beim „HALLO“ (Stammkneipe im Sommer) hat mich über die Jahre so deformiert dass es unmöglich ist die alltäglichen Dinge zu tun.

Hier ein Beispiel: BÜCKEN !!!
Früher hab ich mich wahnsinnig gern gebückt. Um gefundenes Geld aufzuheben, Blumen zu pflücken oder Müll im Wald einzusammeln.

Ein weiteres Beispiel: KNIEN !!!
20 Jahre war ich aufopferungsvoller Katholik und ich kniete wahnsinnig gerne. Beim Beichten, beim Beten und wenn ich meine Sünden bereute oder Neue beging.

Dass geht jetzt ales nicht mehr. Ebenso haben meine Bauchfettweghosen der Größe XXS meine Gedärme und Organe so weit nach hinten geschoben, dass ein Arzt mit wenig Erfahrung sie für Hämorriden halten kann.

Rollschuhfahren kann ich noch. Aber nicht länger als 30 minuten sonst Sterbe ich vor lauter Langeweile.

Was kann ich also machen ???

Es muss ein Sport her der mir Hilft eine grazile Körperhaltung zu haben und mich ungeahnt und ohne Anstrengung IN FORM bringt.

Das hatte ich dann aber schnell herausgefunden. SCHWIMMEN.

Ob am Faaker See oder in der Kärnten Therme. Ist mir recht egal. Allerdings es geht um Sport, dann bevorzugen wir mal das Hallenbad. Außerdem hat die Kärnten Therme alles was ein Pharao nach dem Tod erwartet: EIN PARADIES !!!

Leicht wie eine Ballerina gleite ich durch das Wasser, meine Fettrollen wabbeln unter der Oberfläche und nur mein Köpfchen ist zu sehn. Und was sitzt im Kopf ? Genau: Meine Augen. Und die brauche ich unbedingt für meine Hauptmotivation. BEULEN !!!

Nirgendwo bekommt man Geschlechtsorgane häufiger und direkter serviert als beim Schwimmen. Es fängt schon auf den Weg dorthin an. Denn man begibt sich direkt unter die Dusche. Schon steht man Mitten in der Nudelsuppe. Beim Schwimmen selber zeichnen sich dann die Würstchen in den engen Badehosen ab, oder sie schlackern in zu weiten Shorts. Beides ist geil.

Eine Stunde gebe ich mir um meine Beute ausfindig zu machen, sie zu umgarnen und sie dann zu Fall zu bringen. Unter der Dusche dann vorm Anziehen kommt das große Finale.

Geschlechtsorgane werden besonders gut shampooniert und damit

in eine Größe gebracht die gerade noch zulässig ist.
Ich muss ja auch nicht erwähnen wie sauber ein Mann ist nach einer Stunde im Wasser und 10 Minuten unter der Dusche. Kööööööstlich !!!!

Und was man da an Kalorien verbraucht. Also dass ist Phänomenal !!!
Leider muss man sich ja danach nochmal duschen. Um sich die Schande vom Körper zu waschen.

Meine über 10 Jährige Langzeitstudie beweist dass schwule Männer die Schwimmen gehen, mehr Sex als Sport haben. Heteromänner die Schwimmen gehen, werden früher oder später selber schwul, da sie in Dauerschleife der sexuellen Spannung unter den Duschen nicht widerstehen können sich einen Quickie hinzugeben.

Wie Christoph seine Unschuld verlor:

Christoph war schon immer ein schöner Mann. Schöne Männer haben auch immer eine tolle Geschichte und darum fragte ich ihn mal wie er seine Unschuld verloren hatte. Und was eine Brotbackmaschine damit zu tun hat, lesen wir gleich !!!

Also wer war der erste der sich an seinen reich bedeckten Buffet laben durfte? Und da fangen die Schwierigkeiten schon an. Es muss irgendwann zwischen Kindergarten und zweiter Klasse gewesen sein. Kinder können ja so grausam sein. Er erinnert sich noch daran dass seine Mitschüler Ihn immer wieder Gegenstände eingeführt haben. Zumeist halt Spielzeug. Später dann Versuche mit ihren kleinen Pimmeln. Das funtionierte aber nicht. ***Sein Arsch war damals schon zu fett !!! Ekelhaft.***

Jedenfalls hat er zu jener Zeit irgendwo zwischen Schulmilch und Nachsitzen seine Jungfräulichkeit verloren. Einfach so. An jeden, der sie wollte. Ungeduldig war er ja schon immer.

Der erste große Penis und damit bewusst Sex hatte er mit seinen damaligen pädophilen Nachbarn.

Als schwuler kleiner Junge, liebte er es, an Muttertag oder zum Ostersonntag den Tisch für seine Eltern zu decken. Meistens war er da schon um 5 Uhr früh auf und dekorierte die Wurst und Käseplatten mit Blumen, kochte Eier und war gerade mal mit 7 Jahren eine Koryphäe an der Brotbackmaschine !!!

Nachdem alle gefrühstückt hatten ging es raus in den Garten zum Eier suchen. So konnten seine Eltern auch mal in Ruhe Bumsen oder eine Rauchen.

Stundenlang war er damit beschäftigt die Eier oder anderes Naschwerk zu suchen. In diesem speziellen Jahr führte seine Spur aus Ostereierdragees direkt in den Garten des Nachbarn. Der arme Nachbar hatte damals eine schreckliche Scheidung hinter sich und saß mit seiner Osterjause ganz alleine am Tisch seiner Terasse. Er tat ihn schrecklich Leid und bat Ihn ein gefärbntes Ei an.

„Nein danke, mein kleiner“, *sagte der Nachbar.*
„Ich hab doch 2 Eier.“
„Ach ja, wo denn, ich seh gar keine“ *entgegnete Christoph.*
„Die sind noch zu weich und müssen deshalb in der Hose warm gehalten werden bis sie hart sind. Schau doch mal nach *... bla bla bla“*

Als wäre er mit 7 so doof gewesen um auf so eine Verarsche reinzufallen. Müde und Ausgehungert von den Mini-Gürkchen seiner Mitschüler stürzte er sich auf sein Gemächt. Es war der wildeste Ritt den ein Grundschüler jemals vollzogen hatte. Er weiß dass es Verboten war, aber er schwört dass er den Nachbarn geführt hatte. Und was soll ein Mann auch machen wenn so ein kleiner, heißer Boy seine Backen auseinanderzieht. Na eben. Und wisst Ihr was, Mittlerweile ist Christoph 18 Jahre älter und wenn er seine Eltern an Ostern besucht, setzt er sich immer noch auf den alten Nachbarn drauf.

Der ist zwar mittlerweile an den Rollstuhl gefesselt aber das Eiersuchen macht ihm immer noch so viel Spass wie damals.

Da wird einem erst klar was mit der Auferstehung so gemeint ist !!! AMEN

Der Horrortrip mit Nadja:

„Meine beste Freundin Nadja schenkte mir kurz vor Weihnachten eine Traumreise nach Gran Canaria, für die ich durch Landausflüge, Essen in Luxusrestaurants und das Besorgen von ‚Kleinigkeiten' für Nadja am Ende 8000 Euro ausgegeben habe.

Obwohl ich als ‚Bester Freund' eingeladen war, bemerkte ich bereits beim Start unserer Reise, am Flughafen Klagenfurt, dass ich wohl eher als Assistent fungierte und nicht der gute Freund war, mit der man auf so einer Tour für gewöhnlich – in Champagnerlaune – über Fitnesstrainer und unterbezahlte Reinigungskräfte herfällt.

Mit drei Koffern á 30 Kilo reiste die Gute an und es gelang ihr, vom Start bis zum Ende unseres Urlaubs keinen dieser Koffer zu verlieren und das ohne auch nur einen von ihnen persönlich angefasst zu haben. Habe ich schon erwähnt, dass ich auch noch einen eigenen 30 Kilo Koffer hatte? Schlank würde es mich machen, hat sie gesagt. Habe ich schon erwähnt, dass ich auch noch einen eigenen 30 Kilo Koffer hatte?

Schlank würde es mich machen, hat sie gesagt.
Es wäre wie ein kostenloses Sportstudio, hat sie gesagt. Ich dachte mir nur, hätte die alte blos die bratwurst ins Sauerkraut gesteckt.

Auf unserem First-Class-Flug auf die Kanaren war ihr von der ersten Minute an nichts recht. Die Sitze zu hart, das Essen zu wenig, die Getränke zu wenig alkoholisch und die Mitreisenden zu hässlich. Im Bordkino wurden 500 Filme angeboten. Kein einziger genügte ihren hohen Ansprüchen.

Auf der Fahrt zum Hafen, an dem unser Kreuzfahrtschiff auf uns wartete, war ihr der Sand zu grau und die Sonne zu Rot. Am Schiff angekommen wurde die Arbeit, die ich bis zu diesem Zeitpunkt alleine zu bewältigen hatte, auf gut 50 weitere Personen übertragen.

Nadjas Desinteresse an unserer gemeinsamen Kabine war schier grenzenlos. Bevor sie die Suite das erste Mal betrat, vergingen sieben Stunden, in denen sie die VIP-Areale abcheckte und das Buffet, sowie diverse Champagnermarken auf Herz und Nieren prüfte. Sie sondierte das Personal nach heterosexueller und homosexueller Ausrichtung, um in den nächsten Tagen beim „Regieren" keinen Stress zu haben.

Jedes Mal, wenn sie sich in der Kabine für das „gemeine Volk" aufgetrüffelt hatte, dauerte es vier Stunden, bis die mir – oft völlig unbekannte Frau in unserem Zimmer – so aussah wie meine Freundin Nadja. Ich war ihr beim Schnüren ihrer leider nicht mehr vorhandenen Wespentaille behilflich, pushte ihre Titten nach oben, dass war schon ein gewaltakt von den Knien weg ey, und malte ihr ein Blasmaul ins Gesicht.

Ich kürzte ihre Röcke, nähte abgefallene Pailletten an und flocht unzählige Haarteile in ihr Spaghetti-Haar ein, damit sie am Ende aussah wie Heidi Klum in der Haarspray-Werbung. Ich behängte sie mit fünf Kilogramm schwerem Schmuck im Wert von 90 Euro und feilte ihre Fußnägel, was dem Beschlagen einer Haflinger Stute gleichkam. Die über Bord geworfenen Hautfetzen, Schuppen und Abszesse lockten Raubfische an, die das Schiff noch Tage später verfolgten ...“

Wie die Queen begab sie sich umringt von Bodyguards zu den Armen und Kranken. Sie ließ sich fotografieren und segnete Kinder und Jugendliche .

In der ersten Nacht hat sie Ihre Mahlzeiten nicht vom Teller gegessen, sondern von Familienanrichteplatten ab 15 Personen. Wegen Ihrer extremen Totenaß-Flatulenzen schlief ich auf der Terassse. Da konnte man wenigstens wieder atmen aber die Salzwasserluft hat mein Haar so spröde gemacht, dass ich heute noch darunter leide.

Natürlich ist es Menschenverachtend, rassistisch und nicht anders zu beschreiben als moderne Sklaverei. Aber was tut man nicht alles für die beste Freundin und ein geiles Foto.

Kiss Fotze !!!

Christoph und Michi, die schwulen Landeier:

Das Landleben macht glücklich und ist viel Gesünder, als das Dasein in der Stadt. Was die beiden für ein absolut langweiliges Gerücht hielten, stellt sich nach und nach in Mallenitzen als traurige Lüge heraus. Nicht, dass sie darunter leiden würden. Nein.

Genau wie ich, kommen die beiden Schwuletten in die Stadt um hier ihr Glück zu finden. Beim letzten mal wurden sie von Villach verzaubert. Von ihrer Kunst inspiriert und vom Angebot an billigen Essen und noch billigeren Sex geflasht.

Zu Anfang suchten beide tolle Berufe, ne geile Wohnung, heiße Quickis und die große Liebe. Bekommen haben sie aber nur Ausbeuterjobs, ranzige Wohnklos und Geschlechtskrankheiten. Sorry, aber das ist die Wahrheit !!!

Könnten sie es sich noch einmal aussuchen, sie würden aufs Land zurück ziehen. Gedacht - Getan. Christoph eröffnete einen kleinen Friseursalon und Michi wurde zum Biobauern der seinen Salat selber zieht. Hühner, Schweine, Kühe. Keiner melkt so gut wie Michi.

Es ist mir völlig Schleierhaft wie viele Schwule sich doch einbilden für die Stadt geschaffen zu sein. Die gefälschte Gucci-Brille aus deinen letzten Italienurlaub macht noch keinen Städter aus dir lieber Christoph.

Und die 10.000 Euro für deine Geburtstagsfeier in Lignano sind auch schnell verfeiert. Ich weis noch wie wir uns prostituieren mussten um uns überhaupt noch warmes Essen leisten zu können, während Nadja sich mit dem langschwänzigen Bimbo im Scheisshaus gegenüber vergnügte, von dem sie sich die Streptokokken in den Hals hämmern hat lassen. ***Ekelhafte Scheisskuh.***

Aber wieso nur lieber Christoph hast du nichts vernünftiges gelernt? Dein Tagesjob beim Spar bringt kaum Kohle und das Amatueranschaffen geht auch nur noch ein paar Jahre. Danach ist Schluss und musst wieder zurück zu Mutti, denn dein geliebter Schatz ist dann schon lang mit einem Multimilliardär der Marke 90 Plus nach Thailand verschwunden wo er der Sklave seiner Hängeeier wurde.

Hört sich Schlimm und Frustierend an, aber ist es eigentlich nicht.

Aber zurück aufs Land bedeutet nicht gescheitert zu sein, sondern eher ein Neuanfang. Ein vielleicht besseres zu bekommen. Städte wie Villach oder Klagenfurt sind harte Mütter, die Ihre Kinder an Ihren ausgedörrten Zitzen verhungern lassen.

Als schwule Männer kommen die beiden auf dem Land auch viel günstiger davon. Man sparrt sich ne Menge Kohle für Designerklamotten weil am Land eh einer nicht sieht.

Zumindest niemand von Bedeutung oder mit Ahnung. Von Teuren Clubs, Champagner und Drogen hat auf dem Dorf noch nie ne Sau was gehört und für 10 Euro kannste dir am Samstag Abend einen BUNTEN in der Ansässigen dreckigen und versifften Kneipe machen.

Geschlechtsverkehr ist da noch was besonderes. Einmal die Woche und Wahlweise in der Kirche. Die beiden lassens krachen.

Anstatt in überteuerte Restaurants, die sie sich eh nicht leisten können, zu speißen, schnorren sie sich bei den verhassten Eltern durch, klauen aus den Gärten der Nachbarn und sammeln übrig gebliebenes aus irgendwelchen Äckern. Dazu noch der Wellnessaspekt. ***So ein Brennesselsalat aus dem Wald mit ein bisschen Fuchspisse ist einfach viel gesünder als frittierte Frühlingsrollen vom Edelasiaten.***

Gesellschaftlich verhält es sich so, dass die beiden auf dem Land noch etwas Besonderes sind. In der Stadt sind sie schon längst zu einer Heuschreckenplage herunter degradiert.

In den ländlichen Regionen wird man noch zu Karaokeabenden und Mau Mau eingeladen, auf Sommerfesten werden sie vorgeführt und als Hobbypsychologen eingesetzt. In Mallenitzen zählt ein Mann der den Mastdarm eines anderen Mannes penetriert noch etwas. Die beiden gelten Offiziell als Exotisch. Ja, auf dem Land sind die beiden Stars, ohne dass sie etwas dafür getan hätten.

Meistens ist es aber diese kleine Anerkennung die uns in der Stadt verwehrt bleibt. Eine kleine Aufmerksamkeit, ein Hauch von Nächstenliebe oder geliebter Missachtung. Nichts ist schlimmer als in der eigenen Wohnung im eigenen Urin herumzuliegen und von der Welt vergessen zu sein.

Im Idealfall wohnt man auf dem Land und geht nur zum Feiern in die Stadt. Ein bereits vorhandener Freundeskreis, ein toller Job und ein sicheres Zuhause sind wichtig und zwar bevor man sich entschließt ein Stadtmensch zu werden.

Sollten weder die große Karriere noch ein Traummann auf die beiden warten, empfehle ich den beiden auf dem Land zu bleiben, die Ruhe zu verinnerlichen und frisch gelegte Eier aus dreckigen Hühnerärschen zu genießen.

Ist Anneliese in Wirklichkeit HITLER ?

In den Dünen von Maspalomas auf Gran Canaria wurde ich vom heimlich tattoowierten Politiker „José Manuel Soria" gefickt, in Venedig kotzte ich einen heißen Mafiaboss auf die Brust, während ich auf ihm ritt. Keine Stunde zuvor hatten wir ein romantisches Abendessen zu uns genommen. Wie dumm von mir bei über 30 Grad im Sommer rohes Beef zu bestellen.

Die Lebensmittelvergiftung hat genau bis zum Ende des Urlaubs gedauert. Mir wabberten meine Innereien derartig aus allen Öffnungen meines Körpers, dass der hübsche Mafiosi Namens Stefano schnell das Interesse verlor. Dabei treib ich es so gern mit ihm. So ein hübscher, rassiger Mann. Aber so ist das Leben. Man kann echt nicht alles haben.

Ich hasse Venedig. Und je mehr ich darüber nachdenke, ganz Italien gleich dazu.

Schlimmer war es eigentlich nur in Thailand. Was die Leute an Thailand finden werde ich wohl nie verstehen. Thailand ist so niveaulos. Aber vielleicht lag es daran dass unsre verhasste ehemalige Freundin das Land so geil findet. So ne depperte, Kärntner Rentnerin, die immer bei uns am See war. Ihren Namen weiß ich schon gar nicht mehr. **Irgendwas mit Fotze** *!!!*

Diese Frau war neben der Kinderarmut in den Slums das schlimmste was ich jemals gesehen hab. Die Scheisskuh die am Faaker See wenig Beachtung und Anklang fand, macht vor den Thais einen auf feine und mondäne Dame. Lässt sich dort von allen „Madamme“ nennen und glaubt sie wär jemand.

In Wirklichkeit beutet sie dort arme Menschen aus. Und wehe jemand ist Ihr nicht zu Willen. Dann sieht man in Ihren Augen schon die Hakenkreuze aufblitzen, wenn man genau hinschaut.

Ich hoffe die lieben Asiaten haben Ihr Rattengift ins Billigurry gemischt. *Über Ihren Tod wurde ich jedoch nie informiert. Liegt vielleicht daran dass ich sie aus Facebook gelöscht hab.*

Gran Canaria:

Kennt jemand die Serie „The Walkind Dead"? Genau so geht es mir mit den Touristen auf Gran Canaria. Nur dass hier nicht alle Zombies, sondern alt sind.

Wenn ich dann Morgens vor meinen Haus mit einer Zigarette im Maul auf der Terasse stehe und die Rentner mit ihren Gehhilfen an mir vorbei rollen seh, dann passt auch THE WALKING DEAD ziemlich gut.

Nun gibt es solche und solche. Auf Gran Canaria, genau gesagt in Maspalomas, wo mein Haus steht, hatte man das Gefühl in einer englischen Kolonie zu sein. Einer Strafkolonie. Klar, die Briten haben sich eingenistet, wie schon damals im Krieg. Alle von Gott verlassen. Überall hängen Tattoos von Ihren Körpern. Richtig gelesen. HÄNGEN !!! Die Schwerkraft fordert eben nach all den Jahren ihren Tribut.

Da werden aus einen Delphin schnell mal ein Walfisch. Alles Spanische wurde bereits ausgemerzt und die Umwelt verschmutzt.

In Maspalomas gibt es viele Streunerkatzen. Die scheissen in der verwüsteten Gegend auf den billigen Kunstrasen, der vor Jahren angelegt wurde. Ein Wunder der Natur, denn auch Plastikgras wird braun.

Mein Haus steht in einer klassischen Urbanisationssiedlung. Alles in sich geschlossen und Top in Schuss gehalten. Hier blüht der Oleander üppig und dicht, obwohl akute Wasserknappheit herrscht.

Während sich die eigentlich Einheimischen Spanier in den Dünen, steine und Staub in einer Pfanne anbraten und sich daraus ein leckeres Süppchen kochen, residiere ich im Luxus mit allen erdenklichen Extras. Hab da aber auch kein schlechtes Gewissen dabei.

Ein weiterer Pluspunkt wenn alle Menschen restlos überaltert sind, ist das Resultat dass man selbst ja immer der Jüngste und heißeste Boy ist. Hier gibt es einfach niemanden der jünger oder dünner ist als ich. Es gibt niemanden mehr der mehr Haare auf dem Kopf hat oder mehr Zähne im mund hat als ich.

Die Strände erfüllten Ihren Zweck. Die Internetverbindung ist so gut wie in Österreich vor 20 Jahren. Als junger Mann mit einem Smartphone unterm Arm eckt man in Maspalomas nur an.

Auf Gran Canaria sind wirklich alle alt. Sogar die Schwulen. Wennich durch die Dünen streife erwischt man des öfteren schon mal jemanden mit einen halbsteifen oder sogar Gruppenwichsen sah ich da schon. Wenn mehrere alte Männer zwischen 70 und 90 miteinander Masturbieren dann hat das meine vollste Unterstützung. Schön anzusehn ist es aber nicht.

Wenn man nicht an den Ozean möchte, kann man eigentlich auch noch zum Jumbo-Center gehen. Da bekommst du wie im Atrio in Villach alles, nur viel besser und das Angebot geiler als der Dreck aus Kärnten.

Alle 10 Minuten fährt da ein Rettungswagen herbei, weil schon wieder irgendein Klappergestell unter der Last seines Alters und der Hitze der Spanisch/Afrikanischen Sonne zusammengebrochen war.

Auf Gran Canaria gibt es 2 Primark Geschäfte. Es ist hier so entspannt zu Shoppen. Hier könnt Ihr noch in Ruhe einkaufen.

In Österreich Shoppen kommt einem immer so vor wie bei THE WALKING DEAD !!! die alten irren in ganzen Gruppen ziellos und scheinbar Gehirnamputiert umher. Immer auf der Suche nach einen Schattigen Sitzplatz.

Der junge 18 Jährige Spanier am Grillhähnchen-stand war froh dass ich jeden tag um die gleiche Zeit pünktlich zur Siesta vorbeikam, um ihm auf dem klimatisierten WC des Jumbocenters den Schwanz zu lutschen. Hübsch ewar eer nicht gerade aber er war unter 40 und ich ebenso. Da muss man zusammenhalten.

Plötzlich die Wendung: Ich lernte am Strand einen jungen Spanier kennen. Es gibt sie also doch noch. Duie jungen. Oh mann hatte der einen schönen Körper, volles Haar, eine geile Fickfresse und einen Megadicken Schwengel. Was will man denn bitte mehr ???

Leider wohne ich nicht Dauerhaft auf Gran Canaia und, wenn man seinen Traummann, oder in diesem Fall, den einzigen Akzeptablen Mann am Ende des Aufenthalts kennenlernt, kann man gar nicht genug blasen und ficken. Der hübsche Spanier machte das Unheil dass mir immer wiederfährt weg. Für tiefsinnige Gespräche reicht die Zeit nun auch nicht mehr. Ob er überhaupt Spanier war ist dann auch noch mehr als fraglich. Er sagte er wäre einer, aber mehr als „si“ hab ich von ihm auch nicht gehört.

Alles in allen ist Gran Canaria Geil. Das ganze Jahr Sommer. Bald komme ich wieder, schließlich muss ich mein kleines Häuschen hegen und pflegen !!!

Anilingus:

Millionen von Jahren kam die Menschheit mit nur zwei Geschlechtern aus. Es gab eben nur Mann und Frau. Alles andere was es dazwischen gab, wurde ausgegrenzt. Je nach Epoche der Menschheit.

Im alten Griechenland wurden Menschen mit 2 Geschlechtern heilig gesprochen. Zur gleichen Zeit in Rom war es doch ***„En Vouge"*** *Zwitterwesen zu beschlafen. Die Neandertaler warfen solche Kinder auch gleich in den Müll weil sie für den Fortbestand der Rasse keinen Sinn ergaben. Im dritten Reich ging es den armen Kindern nicht anders. Als Missgeburten wurden sie deponiert, umgebracht oder gar zu sadistischen Experimenten missbraucht.*

Und das wo wir heute wissen das Hitler auch nur ein Ei hatte !!!

In Indien sind solche Intersexuelle, damals wie heute die reinsten Glücksbringer die nirgendwo fehlen dürfen.

Ich finds klasse. Immer wieder etwas neues. So muss es sein.
Es gibt aber auch sensationelle Neuerungen in Österreichischen Betten.

Vaginal und Analverkehr haben schon lang ausgedient. Wer sowas praktiziert ist einfach nur langweilig und unkreativ.

Von hinten lasse ich mich nur noch bumsen wenn ich grad mal ein Kreuzworträtsel lösen möchte oder meinen Einkaufszettel schreibe.

Schlimmer ist eigentlich nur noch Oralverkehr. Blasen oder sich einen blasen lassen ist genau so wie jeden Morgen den Nachbarn zu begrüßen. Nichts ist outer und ordinärer als ein Blowjob.

Es mag grad für Hauptschüler in der großen Pause noch ne kleine Beschäftigung sein, aber für Sexprofis wie mich ist es kein Thema mehr !!!

Die Welt ändert sich und neue Universen entstehen.

ANILINGUS , *dass neue Zauberwort:*

Ich versuch euch das mal wissenschaftlich zu erklären !!!
Der Anilingus stellt eine orale Sexualpraktik dar, bei welcher der Anus mit Lippen und Zunge stimuliert wird. Es gibt übrigens einen dreckigen und einen sauberen Anilingus. Die Analregion ist mit zahlreichen Nervenenden besetzt und gehört zu den erogenen Zonen vieler Menschen. Es ist also etwas absolut Natürliches so eine Männermuschi zu schlecken. Niemand muss sich schämen wenn man den Abwasserkanal einer anderen Person leckt. Ganz im Gegenteil.

Durch das Züngeln am Hinterausgang unseres Sexualpartners wurden eine ganze Reihe an neuen Stellungen erfunden. Wie zB. das FACESITTING. ***Nach TEEBEUTELN der neueste Trend !!!***

Endlich ist Sex wieder lustig. Ihr müsst es unbedingt mal ausprobieren. Rimmen trainiert zudem auch die Gesichtsmuskeln und wird auch als REHA-Übung für Schlaganfallpatienten empfohlen.

Zudem versorgen diese Fremdbakterien unser Immunsystem. Vergesst Ingwer und Honig. Wenn eine Erkältung auftritt, einfach mal den Partner anheuern sich auf euer Gesicht zu setzen und dann anständig drin rumschlabbern !!!

MAHLZEIT und GESUNDHEIT !!!

Christoph und sein Köter:

Meine bester Freund denkt er ist Instagram-Star. Frei von Talent und mit einem potthässlichen Gesicht stellt er immer wieder selbstverliebte Fotos online. Braucht eigentlich kein Mensch und einen tieferen Sinn sucht man vergebens. Weil er sich aber mit nackten Oberkörper fotografiert und seine Hose ausstopft, brachte ihm das bis zum heutigen Tag ne ganze Million Follower. Es ist so Absurd. Ein unscheinbarer Mann, vom Leben missachtet, von seinen Freund verschmäht, doch kaum knüpft er sich das Hemd auf, stellt sich bei Ihm der Erfolg ein. Ist es wirklich so einfach ? JA !!!

Um auf den Fotos noch niedlicher auszusehn hat er sich jetzt einen kleinen Hund zugelegt. Was der schon alles getan hat für ein paar Klicks !!!

Der Köter hört nicht, macht alles kaputt und ohne Leine wäre er längst abgehaun. Dennoch wird er verwöhnt von Christoph, über alle Maßen. Es gibt frisch geschächtete Kutteln und niedliche Kostüme von Prada. Ich treffe mich mittlerweile nicht mehr mit Christoph, da jedes unserer Treffen in einem Gespräch über die Konsistenz von Hundekot endet.

Ich selbst war auch einmal Besitzer eines kleinen Shizu den ich über alles liebte. Übertrieben hab ich aber nie. Die kleine Kitty, so nannte ich sie, sie war ein weibchen, musste sich stets an meinen Lebensstil anpassen.

Christoph muss viel Arbeiten und darum wird seinen kleinen Hund ein Minimum an Zuwendung zuteil.

Vier Nannys, ein Chauffer, eine Reinigungskraft und ein Privatarzt. Das war es schon. Er selbst ist ein bescheidener Mensch und möchte auch seinen Hund die Werte vermitteln die er selber lebt.

Für viele Schwule sind Hunde jedoch Ersatz für Kinder. Die Ausmaße sind echt erschreckend. Der Hund von Christoph schläft in seinen Bett, sitzt beim Mittagessen im Hochsitz am Tisch und muss an Weihnachten bei den Schwiegereltern Geschenke mitbringen.

Jahre vergehen und nun haben Christoph und Michi 4 Hunde und bei jeden Neuzugang wurde sogar das Ritual der Geburt zelebriert. So richtig nachgespielt. Dabei zog sich der liebe Christoph immer nackt aus und presste auf einen Laken den Hundewelpen zwischen seinen Beinen heraus. EEEEEEKELHAFT !!! Und auch etwas pervers.

Meine Freundin Sabine, eine praktizierende Buddhistin taufte und segnete das Wollknäulel anschließend.

Die Tiere sind nach Jahren bei den 2 Schwulen Homosexuellen Hinterladern derartig geschädigt dass sie selbst nur noch gleichgeschlechtliche Liebe praktizieren. Auch meine Hündin wurde damals zur knallharten Lesbe !!!

Die Dinge die meine liebe kleine Kitty bei mir damals gesehen hat, löste bei ihr sicher schreckliche und schwere psychische Probleme aus.

Dafür kann ich aber nichts. Seitdem sie öffentlich anderen Weibchen die Möse schleckte weigerte ich mich ihre Hundehaufen wegzuräumen.

Schwer erziehbare Lesben sind das letzte was die Welt noch braucht.

Die beiden Popoliebhaber werden schon sehen was sie davon haben.

Als der größte Penisliebhaber der Welt verbitte ich mir Töchter die auf Scheiden stehen.

Modelschlampen

Wenn im Fußball eine neue Frau an der Seite eines Kickers eingeführt wird und man sie von Anfang an als MODEL bezeichnet und sie aber nie auf einen Laufsteg gesehen hat, dann weiß man sofort: **EINE SCHLAMPE !!!**

Diese unterpriviligierten Weiber werden mit Haarverlängerungen, Handtaschen, Glitzer Make Up und Designer Klamotten geschmückt, damit niemand merkt dass sie letzt endlich doch nur einsatzbereite Vaginas sind.

Für einen Spitzensportler immer an der Stelle auffindbar und als Sexobjekt degradiert um sie zu benutzen wie ein Sportgerät.

Aber nicht immer wird so eine schöne Frau beschlafen. Wo es in einer Männerdomäne um knallharte Werbeverträge geht, kommt Homosexualität gar nicht gut an. Im schlimmsten Fall bleibt das Model ungebumst und fungiert nur als Vorzeigefrau.

Ob das Tor nun geschossen wird oder eben nicht, es bleibt eine Form der Edelprositution.

Diese Scheiss Huren sind einfach überall. Dummbrote die von Früh bis Spät ihre makellosen Körper in allen sozialen Medien zur Schau stellen und so auf Millionärsfang gehen.

Wer angibt Model zu sein und sich auszieht ist sowieso sehr Käuflich !!! Ein seriöses Model würde sowas nicht machen. Die sind bei einer echten TOP Agentur und haben es nicht Not Ihre Titten und Schamlippen in die Kamera zu halten.

Besonders ekelhaft wird's wenn man die Freundeslisten sehen kann von diesen „Models“ !!! Alles über 60 das sich einen Kurztripp von 80 Euro nach Spanien leisten kann ist da vertreten. Größtenteils widerliche operierte alte Männerfratzen.

Man sieht sie schon vor sich am PC sitzen, sabbernd auf die Tastatur laufend, auf ihren faltigen Lefzen entlang während sie sich die dritte Viagra reinwerfen und Ihr runzeliges Gürkchen schütteln welches nach Einnahme einer blauen Tablette emporsteigt durch das dichte graue Schamhaar. Es gibt ja echt nix schlimmeres als einen alten, fetten, hässlichen, behaarten Bock der sich an junge Frauen versucht, während ihre armen Frauen zu Hause sitzen und heulen !!! Oh mein Gott, wie viele kenne ich an meinen Stammplatz am See.

Zurück zum Thema:
Ähnlich wie im Spitzensport haben sich auch in der Modelbranche Parasiten eingenistet. Vor diesen ist zu Warnen. Heut zu Tage will ja niemand mehr Arbeiten und sich lieber durchschmarotzen.

Wenn es als Internetstar nicht hinhaut, dann sucht man sich ein Opfer dem man Liebe vorlügt und man über Jahre hinweg ausnimmt wie ne Weihnachtsgans.

Diese schwulen männlichen Nutten haben es auch noch voll drauf. Aufgespritze Lippen, künstliche Backenknochen, Arschimplantate, Haarwurzelverpflanzung und täglich Stundenlang im Fitnessstudio. Das macht aus einem russischen Quadratschädel ein herzeigbares Model.

Da stimmt dann alles. Die Zähne waren noch nie so extrem weiß und die Polöcher duftend nach Rosenöl.

Diese Männer und Weiber können Ihren Würgereiz unterdrücken wie Pythonschlangen.

Immer mehr wird jetzt geheiratet, überschrieben oder auch vererbt. Vom Spott der anderen mal abgesehen will ich da gar nicht so viel dazu sagen. Nur so viel: **SIE TUSCHELN ALLE !!!**

Das Ende ist aber immer das selbe:
Ist die Schlampe erst mal zu Geld und Eigentum gekommen, wird der einstige Eigentümer seinem eigenen Haus beraubt. Er wird einfach so mit dem Rollstuhl nach nebenan gerollt während sich diese gierigen Fotzen schon mit dem nächsten amüsieren.

Nur diesmal läuft dem nächsten alten Mann nicht nur der Sabber runter. Da geht's dann schon um ein Alter wo angeschissene Windeln im Schritt Thema sind.

Würde im Alter ??? Nein !!! Dazu hab ich schon viel zu viel gesehn. Gott sei Dank war ich nie ein Model. Immer nur ein Stricher !!!

Petra die Stinkbombe

Ob wir jemanden mögen oder uns in jemanden verlieben bestimmt niemals das Äußerliche, sondern wird von der Nase gesteuert. Sie beeinflusst uns alle und gelangt bis ins Unterbewusstsein.

Ob es nun an den Jahrelangen Missbrauch von Schnupftabak liegt oder nicht: Petra verliebt sich immer in die falschen. Ihre Nase ist eine Vollversagerin. Und so wird die gute Petra immer getäuscht. Nicht nur in der Liebe sondern auch bei der Wahl Ihrer Sexpartner. Das Drama nimmt seinen Lauf.

Erst in letzter Minute, wenn sie wirklich Stinkt wird auch Ihr Riechkolben aktiv und schickt Signale an Ihr Gehirn.

Ich möchte nicht um den heiße Brei herumreden und in Metaphern schreiben. Es geht einfach um Petras Achselschweiß, Ihren Mundgeruch, Ihrer Stinkevagina, Schmutzritze und Keimspalte.

Zunächst ist da der Gestank von alten Schweiß. Irgendwie hat sie das Talent immer Ihren Schweißgestank unter andere Leute zu mischen. Oft bei unseren Stammplatz am See, aber ich traf sie auch schon in einer engen Warteschlange im Supermarkt und man rümpft die Nase auch wenn sie im Zug fährt.

Man kann Ihren Geruch nicht ausweichen !!! Es brennt zu meist.

Sie liebt Körperkontakt. Man klebt oft dann an Ihr. Diese Stinkerin ist genetisch schon von Urzeiten her so programmiert, Ihren Duftstoff als eine Art Markierung an Menschen oder Gegenständen zu verteilen. Alles Unterbewusst natürlich.

Sie riecht es selber nicht. Wenn man selbst Knoblauch liebt, dann weiß man vielleicht wovon ich hier schreibe. Man isst diese Wunderknolle und stinkt danach wie ein Schwein. Man riecht es einen Tag selbst an sich, doch durch die Dauerpenetration schaltet das Gehirn diesen Sensor ab. Unser Kopf soll frei bleiben für andere Gefahrendüfte. Wobei andere Menschen aber unsere Knoblauchfahne noch mehrere Tage riechen.

Kurz gesagt: Petra stink wohl nicht freiwillig andere voll. Sie weiß es einfach nicht.

Ist es denn so schwer ein Deo zu benutzen? Petra ist aber eine ÖKO. Schrecklich genug. Sie züchtet sich auf Ihrer Fensterbank im ersten Stock des Hauses Ihrer Eltern irgendwelche Keime um sich daraus ein veganes Gulasch zu kochen. Sie glaubt dass Deos Krebs verursachen. Vermutlich stimmt es auch. Aber ich sterbe lieber an Krebs, bevor jemand von mir sagt: ***„Der Martin stinkt immer nach Schweiß !!!“***

Und was ist mit diesen Deo Alternativen? Es gibt doch Steine, Blätter und Öle die angeblich helfen. Wenn auch nur kurzzeitig, aber immerhin. Jedenfalls sehe ich Petra meist nur an Nadjas Geburtstag, da sie die beste Freundin von Ihr ist.

Wenn sie Nadjas Haus betritt kapitulieren die Duftkerzen und die Fenster beschlagen sofort.

Beim letzten mal als Petra bei Nadja auf Besuch war, starb eine Ihrer Katzen. Die kleine Muschi ist einfach so umgefallen.

Wenn man Magenprobleme hat und ständig von aufsteigenden Säuren betroffen ist, nimmt man das einfach nicht mehr wahr dass man seine Mitmenschen mit schrecklichen Mundgeruch belästigt. Sie sollte immer einen starken Kaugummi im Mund haben. Aber sie sollte Ihn vor den Oralverkehr entnehmen. Auch wenns verlockend ist, verursacht Menthol den meisten Menschen Schmerzen im Intimbereich.

Petras Geschlechtsorgan ist von harten Gestank befallen. Dass liegt an ihrer mangelnden Hygiene, an falscher Ernährung oder hat sie eine Pilzinfektion?

Wenn sie dreimal täglich duschen würde und der Verzicht auf Knoblauch, Zwiebeln und Billigfleisch keine Verbesserung bei Ihr bringen mag, dann würd ich sagen, handelt es sich bei ihr um
***Pizza Funghi** untenrum.*

Viele wissen auch gar nicht dass sie eine Pilzinfektion haben. So wie sich herausgestellt hat dass auch Nadja Scheidenpilz bis zum Kinn rauf hatte.

Schon eine kleine Tablette kann da aber Abhilfe schaffen !!!

Ob nun eine Pilzfunktion vorliegt oder nicht. Ich rate vor einen sexuellen Kontakt mit Petra immer und Prinzipiell zum Schnelltest mit 2 Fingern. Am besten macht Ihr es bei ihr so:

Man streichelt hierbei mit dem Zeigefinger und Mittelfinger zwischen beiden Schamlippen hin und her. Ruhig mit etwas Druck daran reiben. Wie an einer Wunderlampe.

Warum funktioniert dieser Test mit nur 2 Fingern? Es ist nun mal so, dass man zumeist mit dem Zeigefinger schnell in etwas hinein geraten kann, dass anschließend und lang andauernden Geruch verursachen kann. Dies kann beispielsweise beim öffnen einer Thunfischdose geschehen, beim Wickeln eines Babys oder wenn man den Gemeindepfarrer nach der Beichte einen runtergeholt hat.

Jetzt muss man schnüffeln. Stellt man an beiden Fingern denselben beißenden Gestank fest, ist es höchste Zeit dass sie sich das Geschlechtsorgan gründlich reinigt.

Bei den meisten Menschen reicht eine gewöhnliche Seife oder Shampoo aus. Bei der Petra rate ich zu professionellen Abschminktüchern. Getrocknetes Vagnialsekret kann sich genau wie Make Up Reste, an ungünstigen Stellen festsetzen und von dort aus sein Unwesen zu treiben. Sicher ist sicher. Außerdem reicht ein Abschminktuch aus, um sich die Schamlippen zu reinigen, denn Damm zu polieren und sich am Ende noch mal über die Analscharte zu wischen.

Der Reinigungsvorgang benötigt insgesamt eine Minute und ist nahezu überall durchführbar. Wenn keiner hinsieht, zB. auf dem Weg zur Toilette vom HALLO.

Ich könnte mich jetzt noch über Petras Käsefüße und Ohrenschmalz ausmären, über Fingelnageldreck, Rotz, Kotze, Eiter, suppende Zysten oder Verwesung.

Ihr Körper ist eine wahre Stinkbombenfabrik. Eine Kraterlandschaft, aus der unkontrolliert verdorbene Flüssigkeiten entfleuchen.

Bevor ich jedoch Anfange mit meiner wissenschaftlichen Aufklärung, euch zu ekeln oder jemanden zu schockieren, höre ich an der harmlosesten Stelle auf zu schreiben.

Was wär das Leben ohne Liebe ?!

Wenn ich alleine bin und mich dem Rest der Welt versperre, denke ich viel über die Menschen nach und stelle mir dann selbst ne Menge Fragen. Wieso sind denn eigentlich soooooo viele zu egoistischen Arschlöchern geworden? Kalt, Herzlos und Blutleer !!!

Gefühlslos und keine Rücksicht mehr für andere. Wurde man früher unabsichtlich auf der Straße angerempelt, dann hat man sich gegenseitig entschuldigt. Heute zieht einer ein Messer und sticht den anderen gleich ab !!!

Und dass ist ja nicht mal übertrieben geschrieben. Wenn Ihr mir nicht glaubt, dann fragt meine beste Freundin Nadja. Die wurde nämlich letzte Woche im Zug nach Klagenfurt niedergestochen. Einfach so.

Zum Glück ist sie so extrem Fett dass die Klinge nur die ersten 20 cm Hautschicht erreichten.

Nichts mehr scheint einen Wert zu haben für Menschen. Sobald einen die Gefühle offenbart werden flüchtet der Gegenpart aus Angst ins Bett einer unbekannten Person.

Opfer zu bringen ist heute überhaupt nicht mehr unser Ding.
Jeden Tag, Tag ein und Tag aus frage ich mich ob mir diese Welt nicht zu viel ist.

Bin ich die einzige Person auf diesem Planeten dem alles zu Gefühllos ist, dem alles zu schnell geht?

Selbstverständlich will auch ICH eine Veränderung und eine Modernisierung, aber der Preis ist dafür glaub ich zu Hoch.

Wann hatte das Internet seinen Durchbruch als die Dating Apps rausgekommen sind? Versteht mich jetzt nicht falsch: Solche Datingseiten im Internet oder Apps sind doch etwas Wundervolles. Vor allem für Soziophaten, Menschenhasser, Sexsüchtige und andere schwer gestörte. Also perfekt für die schnelle Befriedigung.

65 Prozent aller Österreicher lernen sich mittlerweile ONLINE kennen. Auch ich lernte meinen Partner fürs Leben Online kennen und wir feiern Mittlerweile unser 10 Jähriges. In Schwulenjahren sind dass ja auch schon bei die 70 Jahre. Man zählt ja gleich wie bei Hunden und es kommt einen Wunder zugleich. Wie oft kommt sowas vor ???

Es war wie in einer romantischen und übertriebenen Hollywoodkomödie.

Vielleicht ist das nicht die Vorstellung und der Traum von allen Menschen, auf mich trifft es aber voll und ganz zu.

Mein ganzes Leben ist wie ein Film. Angefangen von meinen hysterischen schwulen Tunten Freunden bis hin zu meiner

Wohnung, Urlaubsdestinationen und Restaurants in denen ich esse. Bei mir ist nichts normal. Alles ist wie in einer Leslie Nielsen Komödie.

Da verdiene ich doch wohl das perfekte Hollywood Happy End. Was anderes passt einfach nicht zu mir. Denn:

Ich mache Hollywood wo immer ich auch bin !!!

Mir ist es egal ob ich diesbezüglich naiv bin oder einfach nur das letzte Einhorn auf der Welt. Ich bin unglaublich romantisch und glaube dass ein Leben ohne Liebe nicht erstrebenswert ist.

Denn erst die Liebe ist in der Lage uns in Höhen zu tragen die wir sonst niemals erreichen würden. Sie lässt uns in völligen Frieden zur Ruhe kommen und vollendet unser Dasein !!!

Es ist das schönste zu Lieben und zurückgeliebt zu werden.
Viele haben sich in dieser Hinsicht aber schon aufgegeben. Das finde ich unendlich traurig.

Lasst euch von der Gesellschaft und Ihren abartigen Moralvorstellungen nicht gefühlskalt machen. Auch wenn ihr denkt es gibt keinen Ausweg mehr und es sei alles vorbei. Seit Mutig und probiert es erneut. Solange Ihr atmet, gebt nicht auf!!!

Meine Kreuzfahrt auf Gran Canaria:

EIN SCHIFF WIRD KOMMEN !!!

Besser gesagt: ***Ich werde auf einen Schiff kommen.*** *So eine Kreuzfahrt ist ja was ganz tolles. Was könnte aufregender und extravaganter sein als eine Kreuzfahrt? Richtig!*

EINE SCHWULE KREUZFAHRT !!!

Ich spreche da aus Erfahrung. Bereits im Jahre 2004 war ich Steward bei der Men Only Boat Party *in Maspalomas. Es waren jede Menge Passagiere und nur 2 mit Vorhaut. Und nächstes Jahr steche ich wieder in See.*

Wer von euch möchte mit? Aber ich warne: Wer Urlaub mit mir macht, braucht hinterher Urlaub vom Urlaub. Ein einmaliges Erlebnis, das man nie wieder vergisst.

10 *Tage Sex und Saufen gehen an niemanden spurlos vorbei. Wer nicht mitmacht wird auch gleich von Board geworfen.*

Schwule Männer haben im Regelfall weder Kinder noch sonstige Verantwortung, was es ermöglicht, alljährlich ein ganzes Vermögen auszugeben.

Deshalb bieten schwule Kreuzfahrten die unglaublichsten Dinge die man sich vorstellen kann.

Wer sich am Pool zu Fett fühlt, kann sich auch gleich unter Deck noch schnell das Fett absaugen lassen. So punktet man auch gleich den Rest des Urlaubs mit einer Top Figur. Schnellbräunungen, Botox, Lifting oder eine Hodensackstraffung. Dass alles ist kein Problem. Für alle Passagiere stehen 17 Beauty Docs und Schönheitskünstler zur Verfügung und alle Arbeiten in Akkord. Ich persönlich lasse mir immer etwas Botox und Hyaluron Spritzen. Und manchmal ein Chemisches Peeling. Man sieht zwar hinterher aus wie die Minderwärtige Tochter von Harald Glööckler, aber das ist nach 2 Tagen wieder vergangen. Inzwischen ist man da halt einfach ne willkommene Selfie Attraktion !!!

Wer sich auf dem Schiff keiner Geschlechtsumwandlung oder Penisvergrößerung unterziehen lassen möchte, genießt einfach die Sauna, das Hamam, ne feine Massage oder die Fummelterasse.

Richtig Dirty geht's aber im Maschinenraum zu. Mehr Öl, Dampf und verschwitzte Körper wird man an Board nirgends finden. Jedoch sterben oder verschwinden dort auch jedes Jahr Passagiere.

Wer am Ende des Tages gar nichts zum Knallen abbekommen hat, klopft einfach an meine Kabinentür !!!

Diese ist nie verschlossen und zwischen Landausflügen, Stadtführungen und den 7 Buffet-Terminen lässt sich bei mir immer eine freie und einsatzbereite Körperöffnung finden.

Aber warum sind eigentlich gerade Kreuzfahrten für Homosexuelle so attraktiv?

Man sticht ja mit knapp 5 bis 800 Sexuel Kontaktfreudigen Menschen in See. Meistens ist auch die Besatzung nicht abgeneigt. Macht dann fast 1000 Menschen. Für einen ordentlichen Schwulen wie mich natürlich keine Herausforderung.

Als fleissiger „Lutscher" arbeite ich so eine Zahl auch schon an einen einzigen Samastag Abend ab.

So knattert man sich über die Kanarische Insel und lernt auch gleich Spanisch sprechen. Kein Scherz !!!

Durch die vielen Urlauber lernte ich auch gleich noch in 60 Sprachen das Wort BLASEN aussprechen.

Aber auch kulturell gesehen sind Landausflüge bei Kreuzfahrten ein HÖHEPUNKT. Wann hat man denn schon mal die Gelegenheit beim Leuchtturm von Maspalomas ein DickPick zu machen? So schön mit dem Ozean im Hintergrund und dass alles beim geilsten Wetter und Sonnenschein !!!

Vor den Schwulen ist sowieso kein Weltwunder sicher. So waren zB. Die Pyramiden von Gizeh in einwandfreien Zustand bevor sie von den ätzenden Körperflüssigkeiten der Homosexuellen Besucher in Mitleidenschaft gezogen wurden. Und auch der Sphinx ist die Nase abgefallen als man ihr ins Gesicht gespritzt hat.

Aber ich bin da ja nicht besser !!! Nachdem ich den Vatikan mit mehreren Priestern entweihte und den Koloss von Rhodos zum Einstürzen gebracht hatte, hab ich auch noch den Turm von Pisa Schief geritten.

Man nennt mich seit dem nur noch das Wunder von Delphi.

Am schönsten ist es aber wenn man nach Hause kommt. Ob mein Haus auf Gran Canaria oder meine Wohnung in Österreich. Man kann seinen Freunden immer tolle Souveniers verteilen. Nadja bekam letztens einen tollen Dildo aus Alabaster. Christoph Knoblauchzehen weil er Anfänger war.

Anschließend genießt man zusammen die selbstgedrehten Pornos und einen ganzen Koffer voller Leckereien, die man jeden Abend mitgehen hat lassen.

Jasmins Lochbrand:

Solange sie denken kann war sie ungeduldig und wollte immer das haben was sie nicht bekommen konnte. Eine extrem hysterische Lebenseinstellung finde ich. Bis heute hat sie die so beibehalten. Alles was sie je in Ihren Leben erreicht hat, bedeutet ihr nichts. In dem Moment, in dem sie genau dass für sich erreicht hat erlöscht die Flamme. Nicht für andere, nur für sie ganz allein. Der Reiz ist weg und die Takte tot. Ja, es geht wieder mal um die Liebe. Das größte, schönste, schlimmste und traurigste Thema aller Zeiten hinweg, durch alle Dimensionen.

Fangen wir also mit der Geschichte um Jasmin an, denn genau so hatte sie mir die Geschichte am See erzählt:

Vor vielen Jahren verliebte sich Jasmin in einer Villacher Bar unsterblich in einen jungen nicht sonderlich attraktiven Mann dessen Gliedgröße unbekannt ist.

Ursprünglich wollte sie seinen besten Freund flachlegen, aber, nachdem er sie geküsst hatte war es um sie geschehen. In dem Moment spürte sie, dass sie füreinander bestimmt waren.
ER SPÜRTE GAR NICHTS !!!

Schon gar nicht den Willen sie zu heiraten und den Rest seines Lebens mit Ihr zu verschwenden. Ein Kuss und Ihr Leben war völlig verändert. Plötzlich hatte alles einen Sinn !!!

Das erste mal seit gefühlten 24 Jahren hatte sie wieder gute Laune. Wochenlange Recherche im Internet, schlaflose Nächte, Stalking Mitten in der Nacht und am Hellichten Tag und unendlich viel Bargeld um seinen Freunden Geheimnisse zu entlocken gingen dabei drauf um Ihm näher zu kommen.

Alles ohne Erfolg. Er wimmelte sie ab wie eine Fliege die lästig war. Aber nicht ohne Ihr Zucker zu geben, denn überleben sollte die Fliege schon. Jasmin wird von Männern immer Brotgekrümelt und sie lässt es IMMER mit Ihr machen !!! **Die Liebe macht ja immer so schrecklich dumm und so furchtbar blind.**

Als er Jahre später nach Villach gezogen ist dachte sie dass er es wegen Ihr gemacht hat, und diese traurige Geschichte nimmt doch noch ein Happy End. Hatte er sie wegen der großen Entfernung aus Vernunft abgelehnt?

Zunächst sah es gut für sie aus. Oft haben sie sich im V-club getroffen, geküsst und er fingerte sie immer ordentlich im Männerklo des Clubs. Nach der Party ging es auf Ihrer Couch nicht weniger heiß her. Doch dann wurde sie fallengelassen wie Müll. Entsorgt wie ein T-Shirt der letzten Saison.

Der kleine, hässliche Mann, den sie liebte wie keinen anderen, pumpte sich im Fitnesstudio zum Geilgockel auf und opferte Jasmin für Sex-Schnell-Kontakte aus dem Internet.
Er wurde vom außergewöhnlichen Einzelstück zur Massenware !!!

Warum sollte er auch so eine diktatorische, eingebildete, Drogensüchtige, Pfandflaschenschlampe ohne Persönlichkeit lieben, wenn er es im Villacher Nachtleben mit jeder treiben kann die imstande ist Ihr Maul auf und zuzuklappen ?!

Ich würde sagen der Unterschied ist eindeutig, und ich umschreibe es mal ganz vorsichtig: **Qualität statt Quantität !!!**

Aber ich als schwule Lutschpuppe im rastlosen Dauereinsatz sehe das wahrscheinlich anders, denn für mich ist **MEHR IMMER MEHR !!!**

Ja, Villach ist eine tolle Stadt. Toll im Versprechen, jedoch schlecht im Versprechen halten. Wach und mit offenen Augen beobachtet Jasmin wie er hinter etwas herjagt das es nicht gibt. Man darf aber auch nicht vergessen das Jasmin kein unbescholtenes Blatt ist, denn sie hatte auch schon zahlreiche Schwänze.

Ohne sie wird er nicht Glücklich werden. Das ist klar, dass weiß sie. Ob es mit Realität zu tun hat, kann ich nicht sagen. Aber im Ignorieren von Tatsachen war Jasmin schon immer Klassenbeste.

Zur Strafe und um Ihm weh zu tun hat sie mittlerweile viermal geheiratet, war sieben mal verlobt und hatte mit all seinen Freunden geschlafen.

Ja sie hat in ganz Villach rumgehurt.
Dafür hatte sie am Ende Lochbrand.

Nichtmal jetzt will ihre große Liebe was von Ihr wissen. Viele Jahre sind verstrichen aber zum Betteln ist sie sich zu stolz. Um sich weiter zu bemühen ist sie zu faul. Für vieles ist es einfach schon zu spät.

Täglich kontroliert sie ihre Ein und Ausgänge. Wieder keine Nachricht. Es regnet, es schneit, ihre Jalousien sind von Staub bedeckt. Sie will nicht mehr putzen.

Soll sie doch saufen. Das Leben ist dann viel lustiger und betrunken ist sie sowieso schöner.

Wer das Gegenteil behauptet lügt.

Es ist alles noch genau so wie es schon immer bei ihr war.
Nur jetzt ist sie älter, Alkoholikerin und
50 Kilo schwerer.

Unser Nachbar Adolf:

Mit viel Glück und dem nötigen Kleingeld hab ich mir mit meinen Freund eine Wohnung kurz vor der Villacher Innenstadt gekauft. Die Wohnung liegt genau zwischen den mondänen Hotspot der Stadt und den elendigsten Flüchtlingsbaracken. Eine Gegend der Gegensätze. Auf der einen Seite die Villen der Superreichen und auf der anderen sind Kriegsgeschädigte in heruntergekommenen Gebäuden.

Obwohl diese Wohnhäuser kurz vor dem Zusammenbruch stehen und einfach nur grottig aussehen, spucken sie Leben aus. Dann sieht man Einbeinige, Rollstuhlfahrer, Humpelnde mit Krückstock und halben Gesicht und Ganzkörperverschleierte, während andere mit ihren fetten Mercedes-Limosinen und Cabrios bei ihnen vorbeidüsen. Ja, in Villach sieht man nur Glückliche und Zufriedene Gesichter.

Die einen erfreuen sich an ihren Reichtum und die anderen einfach darüber überlebt zu haben. Ohne Missgunst und Neid sind alle glücklich miteinander. Man ist sich fremd, beklagt sich aber nicht.

Wir liegen so schön gelegen mit unserer Wohnung. Nicht weit entfernt die Bundesheerkaserne, das Atrio ist einen kurzen Gehweg entfernt, zum See und Campingplatz haben wir nicht weit, ein Lidl um günstig einzukaufen und Mittendrin unsere Wohnung.

Die Wohnung ist sozial gesehen irgendwo mittendrin. Es ist irgendetwas zwischen Baracke und Villa. In einer Gegend die den Reichen zu schäbig ist und sich die armen Flüchtlinge nicht leisten können.

Es ist ja nur eine Frage der Zeit bis sich herumgesprochen hat dass WIR hier wohnen. Denn dann kehrt sich das ganze ja komplett um. *Dann ist es nämlich den Flüchtlingen zu schäbig und die Superreichen können es sich nicht leisten. Wo wir Wohnen gibt sich die untere Mittelschicht das volle Programm. Unter den grausslichen Holzhütten und Baucontainern, in denen man hier am Wochenende haust, steht unser Gebäude. Haben da noch ein schönes Gartenabteil angekauft. Herrlich.*

Unter den Menschen und ihren spießigen Grundstücken neben denen wir hier Leben, möchte man meinen, wir sind was besseres.

So benehme ich mich aber auch. Jedes mal wenn ich Gehe oder Komme, nehme ich meine teuren Louis Vuitton Koffer und Gucci Taschen mit.

Langsam schlendere ich bei den Nachbarn vorbei, so dass sie immer einen Blick auf mich werfen können. Natürlich grüße ich immer freundlich, aber nicht zu sehr. Denn Stadt wie Land gilt immer: ***Wenn man erst mal das Ungeziefer im Haus hat wird man es nur schwer wieder los.***

Um zu unserer Wohnung zu gelangen muss man an der vollen Bandbreite der Städtischen Wochenddomizil Szene vorbei. Vorne an der Strasse wohnt ein ganz fieses Paar. Er ist Mitte 50 und mäht gerne oben ohne den Rasen. **Eeeeekelhaft** *!!!!!!*

Die nächsten Nachbarn sind dann auch schon die Hitlers.
Ein Pensionierter Villacher Original, der mit seiner Frau Eva hier wohnt. Das ganze Grundstück der Hitlers ist von oben bis unten zugemüllt. Ich dachte schon meine ehemalige beste Freundin Isabella ist hier her gezogen. So kann man sich täuschen.

Es stehen so viele Figuren, Schilder und Schnitzereien herum. Vielleicht sind es wertvolle Erinnerungsstücke oder Kunst, ich weiß es nicht, denn das meiste davon ist von Hühnern, Enten, Tauben, und einer fetten Gans völlig zugeschissen.

Die Hitlers haben einen tollen Ausblick auf unsere Siedlung. Durchbrochen wird das wunderschöne Bild aus Hitlers Küchenfenster nur von einer Wehrmachtskaserne. Was ich weiß hat die noch Adolf persönlich bauen lassen.

Unser Nachbar, Adolf Hitler, ist der einzige in unserer Siedlung der den Ausblick auf dieses Historische Gebäude werfen kann.

Jedenfalls ist Adolf der voll coole Typ. Immer einen flotten Spruch auf der Lippe und eine ganze Flasche Klaren im Anschlag. Wir lieben ihn !!!

Hinter den Hitlers wohnt dann auch noch ein alter Mann in so einen kleinen Hexenhaus. Es ist alles schon vermodert, alt und verwachsen. Wie in einen klassischen Horrorfilm wo gleich jemand mit der Axt jemanden zerhackt. Schrecklich. Ich hab den alten zwar noch nie gesehen, aber hier und da kommt mal Rauch aus dem Schornstein raus. Ich mag ja stille Nachbarn. Eines Tages wird es anfangen komisch zu riechen !!!

Somit sind wir auch schon bei unseren nächsten Nachbarn.

Der Jürgen !!!

Er ist kurz nach uns eingezogen und ist nach eigenen Angaben Fett !!! Der jürgen quatscht genau so gerne wie er frisst und trinkt. Erst als er mir offenbarte dass er zwischendutrch mal gern ein Näschen Koks schnupft, erklärte sich mir sein komisches Verhalten.

Er rennt meistens völlig ziellos und hysterisch auf der Wiese herum. Wie ein Huhn dass man den Kopf abgeschlagen hat. Nachts beginnt er Unkraut zu beseitigen. Stundenlang. Nächtelang. Irgendwie ziehe ich Drogenopfer magisch an. Aber lieber einen Druffi zum Nachbarn zu haben, als zB. die blöde Scheisskuh Nadja !!!

Immer läd mich Jürgen in seine Sauna ein. Jedes Gespräch endet mit so einer Einladung. Ich dachte er ist Schwul. Aber Angeblich nicht. Hmmmmmmm, vielleicht ist er später Schwul geworden, es kommt ja so viel vor in der Welt. Oder er lutscht nur Schwänze wenn er besoffen ist. Auch sowas gibt es.

Heutzutage ist auch für mich als Profi schwer geworden die Welt zu entwirren !!!

Die ganzen Saunaeinladungen können doch nichts anderes sein als ein Vorwand um einen Blick auf mein Löchlein zu werfen !!! Es wird der Tag kommen an denen wir beide so betrunken sind dass wir es miteinander treiben. So eine klassische Drogengeschichte, bei der man am nächsten Tag im Strahl Kotzen könnte wenn man den anderen ins Gesicht schaut.

Immer mit der Angst im Hintergrund dass es wieder passieren könnte wenn man einen im Turm hat. Im Großen und Ganzen ist Jürgen aber schwer in Ordnung. Ich freu mich schon wenn wir seine Marihuana-Plantage abernten, und wer weiß: ***Vielleicht hat er ja einen Großen ?!***

Dann wohnt da noch eine kleine Familie die ich hasse. Ach was heißt hier hassen ?! Ich verabscheue diese Familie. Die Tochter der Eltern ist denke ich 7 oder 8. Das verkommene Mädchen spielt immer noch im Sandkasten. Dass ist ja nicht normal. Ihre Schulfreundinen sind sicher schon Youtubestars oder spielen Playstation. Aber Sandkasten? Und das Stundenlang. **Ich denke, da kann man schon von „zurückgeblieben" sprechen. Sorry, aber in dem Alter hab ich schon gefickt !!!**

Wer aber auf keinen Fall mehr Fickt, sind die Eltern der Sandburgenprinzessin. Wie ungechillt kann man den überhaupt sein ???

Vielleicht sind sie streng gläubige Christen oder Mitglieder einer krassen Sekte. Auf jedenfall muss es etwas sein dass Spass verbietet. Spass hatten die noch nie und reden tun die auch nie miteinander.

Neulich haben sie ihre Einfahrt von Blättern, Steinen und Gras gereinigt und mir anschließend den Rechen an meinen Zaun gelehnt. Die Herausforderung, dass ich dem guten Beispiel folgen sollte. ***Was füe eine Provokation. Einen Scheiss werd ich tun !!!***

Derzeit bin ich dabei die Hecke hochzuzüchten damit ich mir die Vorwurfsvollen Blicke der Sektenfamilie nicht mehr antun muss.

Außerdem geht es die gar nichts an mit wem ich Nackt in meinen Plantschbecken liege und ob ich Jürgen in meinen Garten den Schwanz lutsche !!!

Erbschleicher Michi:

Vor einen Jahr war ich schon in Gran Canaria. Im kleinen Städchen wo mein Haus liegt. Im Sonnendorf. Ich Liebe es hier zu wohnen. Es sind kleine Einheiten von 20 bis 50 Häusern, aber auch Wohnungen kann man anmieten. Die Parkanlagen der Wohneinheiten haben immer einen großen Gemeinschaftspool in der Mitte. Je nachdem was das eigene Budget so hergibt kann man sich dort eine Haushälfte, ein ganzes Haus oder eine Wohnung Mieten oder Kaufen !!!

Zu Tausenden haben sich die Rentner dort ihre letzte Ruhestätte zugelegt und bepflanzen und bewässern in der trockenen Gegend ihre Gärten. Diejenigen die die Kraft nicht mehr aufbringen können, lassen Ihr Grundstück einfach verfilzen. ***Mit einem Garten in dem nichts wächst, hat man auch keine Arbeit.***

Nach Gran Canaria zieht man wegen des guten Wetters. Maspalomas ist da schon Spanien ohne Spanier. Michi braucht etwas Ruhe von seinen Freund und fliegt mit mir zu meinen Haus um mir ein bisschen zu helfen alles in Schuss zu halten und sich ein bisschen Ruhe und Erholung zu gönnen.

Mehrmals am Tag schwimmen Michi und ich eine Stunde lang im Pool. Am liebsten Morgens und Abends. Dazwischen gehen wir in die Stadt zum Shoppen, Kochen gesunde Sachen und trinken billigen Wein. Wir sitzen auf der Terasse und stoppen die Zeit, jedesmal wenn ein Rentner versucht zum Supermarkt auf der anderen Seite der Strasse zu gelangen. Einige schaffen es in 5 Minuten, andere brauchen wiederrum 45. Es gibt auch welche die dabei sterben !!! Natürlich nicht wegen des Verkehrs. Ich bitte euch. Niemand hat im Sonnenland Verehr.

Es sind meistens Hitzschläge oder Herzinfarkte, die die Bewohner dahinraffen.

Michi und Ich sind dort am Altersdurchschnitt gemessen, Teenager und so benehmen wir uns auch. Wir sind die schwulsten Tussis !!!

Beim Schwimmen lernte Michi am Beckenrand einen Typen kennen. Ein liebenswerter alter Mann. Er ist klein, dünn und buckelig. Er braucht zum Laufen Krücken und ist nicht mehr in der Lage an seinen Haus große Arbeiten zu verrichten.

Michi ist ein starker Kerl und hilft ihm ein bisschen, wenn er mit dem Schwimmen fertig ist.

Er schneidet seine Hecken, bringt den Müll weg, macht dies und dass für den Alten. Danach gibt es immer Tee mit Milch und Michi fühlt sich immer wie Gast bei der Queen. Herrlich Englisch und dass in Spanien. Hier ist ja alles vertreten !!!

Der alte Mann, so erzählte mir Michi, hat nach vielen Jahren seinen geliebten Mann **(Ja Gran Canaria ist ein Schwulenland)** *an Krebs verloren. Der arme alte Mann spürt wohl dass er es nicht mehr lange machen würde und sucht einen Erben für sein Haus. Es gibt keine Verwandten. Kinder logisch, auch nicht. Die absurde Idee es der Aidshilfe zu spenden, konnte Michi ihm noch ausreden.*

So dreht sich der alte Mann einige Tage vor Michis Abreise zu Ihm um und fragt ihn, ob er es haben will. Er lehnte ab. Er findet es auf Gran Canaria langweilig und kommt eigentlich nur meinetwegen auf die Insel. Außerdem ist er Pleite da er sich ein Haus in Kärnten gebaut hat.

Als der alte Mann aber entgegnet dass er Ihm das Haus schenken möchte, hat sich´s Michi Meinung schlagartig geändert. Im Gedanken warf er die schrecklichen Möbel bereits aus dem Haus und richtete sich komplett neu ein. Neben neuen Küchenfenstern möchte Michi auch gleich noch einen Vogelkäfig und Wellensittiche haben. **Schwule Sau. Echt !!!**

Es hätte alles so schön laufen können, hätte der Alte nicht eine letzte Bitte an Ihn. Einen letzten Wunsch !!!

Er würde so gerne noch ein letztes mal einen geblasen bekommen, und Michi sieht so aus als könnte er die Aufgabe wunderbar erledigen.

Herpesbläschen ploppten auf und ja, Michi hatte schlimmere Dinge für weniger gemacht.

Aber nie mit jemanden der soooo alt war.

Dass kam Michi dann doch schon ein bisschen wie Leichenfledderei vor.

Und woher sollte er wissen dass es keine Falle war ??? Als Michi 14 Jahre alt war, wurde Ihm mal ein Pferd versprochen. Mit ausgerenktem Unterkiefer wurde er dann einfach an der Strasse sitzen gelassen. Noch Wochen danach hatte er Probleme beim Kauen. Das Pferd hat er nie bekommen.

Und so besteht er auf einen Anwalt, einen Notar oder jemanden der das alles für Ihn rechtlich absichert. Man bekommt ja so selten Häuser geschenkt und hat da halt einfach keine Erfahrung auf diesem Gebiet.

Der alte Mann hat Ihm dann gesagt dass er nicht mehr so lange Leben wird und dass die Sache mit den Anwälten viel zu lange dauert.

Er schreibt also ein Testament nieder. Michi beschließt dass alles mit dem Handy als Video aufzunehmen. Sicher ist Sicher.

Als Michi sich am Abend mit mir austauschte und mir das Video zeigte weiste er mich auf ein wichtiges Detail hin.

Der alte Mann im Video spricht von seinem Erbe für Michi , wenn er ihm den letzten Wunsch eines Blowjobs erfüllt.

Gut und Recht, aber wie beweist Michi dann den Rest der Welt dass er diesen Blowjob jemals geleistet hat? Mein Gott, ich bin ja so schlau … Natürlich muss Michi auch den Blowjob filmen !!!

Und so zog Michis letzter Tag auf Gran Canaria ins Land. Sein letzter Abend vor der Abreise. Der Abend, an dem es passieren muss. Nachdem Michi sich in einer Kneipe am Strand fast bewusstlos gesoffen hat, schwankte er bei großer Abendhitze zum Haus des alten Mannes. Bringt die Kamera in Position und setzte den alten Mann auf einen Stuhl.

Danach zieht er ihm die beigefarbene Buntfaltenhose nach unten. Durch den Eingriff seiner ausgeleierten Hose fischte er den Schwanz heraus und war fast 10 Minuten lang damit beschäftigt das Ding einigermaßen hart zu bekommen. Erstaunlich dass da überhaupt noch Leben drin war. Dann fing Michi an zu blasen.

Ich hab das Video in voller länge gesehen !!!

Es ist so eklehaft. Nicht der Blowjob an sich. Der ganze Zustand schlägt mir irgendwie den Magen auf. Wie muss es erst fürn Michi gewesen sein !!!?

Er reist sich zusammen, schließt die Augen und denkt an die neuen Möbel. Die langen, grauen Schamhaare kitzeln Michi an der Nase. Der Alte atmet nun schrerer. Sollte dies das Ende sein???

Michi ist hart drauf. Er befriedigt den Alten nun schnell mit seiner

Hand. Gerade als er es für einen falschen Alarm hielt und seinen Mund wieder über die altehrwürdige Eichel stülpen wollte, ergießt sich eine merkwürdige Flüssigkeit über seine Hände.

In meinen Leben hab ich schon viel Sperma gesehen und auch Lusttropfen perlten Literweise an mir ab.

Dieser Sirup ist aber keines von beiden. Womöglich Leichenflüssigkeit ?!

Oder ist es ein Vorbote des Todes und seine Seele entwich über seinen Penis aus dem Körper.

Hmmmm, so genau will ich das eh nicht wissen.

Ganz brav entsaftete Michi den Alten zu Ende und ging dann in die Küche ein feuchtes Tuch holen um den Alten sauber zu machen. Als er zurück kam hat er bereits geschlafen und schnarcht in Ruhe.

Er hat dem Alten noch ein Glas Wasser auf den Beistelltisch gestellt und hat das Handy geschnappt und hat das Haus verlassen.

Am Morgen danach hat Michi nun auch Gran Canaria verlassen. Im Flugzeug hat er dann die Videoaufnahme auf seinen Rechner geladen. Das Testamentvideo ist recht gut geworden. Bis an die Stelle wo das Handy etwas verrutschte und das Bild des verstorbenen Mannes vom Alten zu sehen war. Eine Zeit lang schaute der Tote dabei zu, wie er sich das letzte mal in seinen Leben vom ***Erbschleicher Michi*** *den Schwanz lutschen lässt.*

Eine Woche später war der alte Mann tot. Die schreckliche Nachricht erreichte ihn via Email. Er war einfach eingeschlafen. Er hatte keine Kraft mehr.

So ein lieber alter Mann. So eine drecklige alte Sau.
Möge er in Frieden ruhen !!!

Am Tag darauf schickte Michis Anwältin das Video den spanischen Behörden. Ein halbes Jahr später hatte Michi das Haus auf Gran Canaria.

Scheiss auf neue Möbel.
Er verkaufte das Haus gleich.

Christoph, der Partner von Michi bekam Wind von der Sache. Die einzige Lösung des Problems wurde sofort in Angriff genommen.

Über Jahre hinweg vergiftet Christoph nun schon den armen Michi mit leichten Dosierungen von Rattengift dass er in sein Essen mischt. Natürlich will er an Geld und Haus kommen.

Und eines Tages gelingt ihm das auch !!! Viel Glück !!!

Daniel und das Prostata-Sekret

Daniel, von mir liebevoll Terminator genannt, hat den Namen aus dem Grund, weil er eine Maschine ist. Wenn man Ihn auf der Strasse mit seinem Elektrobike sieht weiß man warum der Name gerecht wird. Ein Muskelprotz der ersten Sahne, und die hätte ich gern von Ihm. Mann ist der Heiss. Ich schaffte es eines Tages mich mit ihm zu befreunden. Jahre zuvor hab ich ihn schon oft gesehen und musste mich gleich selbst befriedigen wenn ich Ihn sah.

Er wohnt noch bei seinen Eltern im Haus in der Nähe der Burg Landskron. Ist Dauersingle und hat eine starke rechte Hand !!! Wann hat Daniel das letzte mal gearbeitet? Ich denke das war vor den Dinosauriern. Versteht mich nicht falsch. Er ist keineswegs Assi. Er ist gepflegt und hat Kohle, er arbeitet halt einfach nicht. Auffällig ist er auch nur dadurch weil er ein Megabike fährt und seine Glatze schon von weiten glänzt. Ich selbst wär fast in den Graben gefahren weil sie mich blitzte und ich blind wurde. Kann aber auch sein dass es ein Lusttröpfchen auf seiner viel zu engen Radlerhose war dass langsam den Weg durch den Stoff gefunden hat. Das nächste ist ja echt, dass er sehr Trainiert ist. Alles große Auffälligkeiten.

Als mittlere Arbeitslosenprominenz, ist es ihm dadurch nicht möglich eben mal in eine Therme zu fahren um dort zu entspannen. Überall wird er von Leuten erkannt und angequatscht. Nicht wenige (eingeschlossen Ich) riskieren gerne einen verhuschten Blick auf sein Pfläumchen.

Nach seinen eigenen Angaben nach geht das natürlich nicht. Sein Loch soll ein ewiges Mysterium bleiben und nur wenigen Tausend Menschen weltweit zugänglich sein.
Doch das änderte sich folgendermaßen:
Durch NONNEN. Was hab ich mir da alles anhören müssen am See. Scheiss die Wand an.

Im Kloster war der gute Daniel weil er es sich nicht vorstellen konnte je Sex zu haben und schon gar nicht vor der Ehe. Also begab er sich in das Kloster Wernberg. Anfangs waren die Nonnen noch sehr Gnädig mit Ihm. Doch dann durch die harte Arbeit und das ganze Oben Ohne und Muskelprotzgetue, rissen die Dämme. Die Klosteroberschwester, **Schwester Blas Ihn Hart***, öffnete Ihre Hostie zur Schändung Ihres Leibes Christi !!!*

Wisst Ihr eigentlich das Daniel Kakefetischist ist ?! Angeschissen hat er sie. Entweiht hat er das ganze Kloster mit seinen Analspielen. Horror.

Jedenfalls, nach seinen Rauswurf aus dem Kloster letzten Sommer hat er beschlossen dass sein Mokkastübchen lieber eines der exklusivsten Clubs des Planeten bleibt und nur für
MIT-GLIEDER !!! Sex vor der Ehe war vorher Tabu. ***JETZT EIN MUSS !!!***

In der Zwischensaison, an den grauen Herbsttagen ist es auf der Burg Landskron besonders romantisch. Nachts wenn alle schlafen zeiht er seine engste Radler an und wirft sich aufs Bike.

Stundenlang fährt er um das alte Gemäuer.
Manchmal lässt er die Radlerhose ganz weg.

Nicht unweit der Burg entfernt liegt „Warmbad“. Eine Kurtherme und ein Spa. Daniel liebt den Spabereich. Es ist Herbst und er braucht Erholung vom nichts tun.

Nichts ist einfacher als ne Frau zu Angeln als in der Kärnten Therme dachte er sich. Doch die Voraussetzungen sind zu dieser Jahreszeit erdenklich schlecht. Quasi vom Herbstlaub zur Herbsthaut.

Abgesehen von ein paar Rentnern und fettleibigen Männern hält sich der Besucherandrang in Grenzen.

Nur ein einziges Paar der jüngeren Generation war zu finden. Sie ist ein hübsches Mädchen, vielleicht 28, zickig, spießig, blöd. Gutaussehend aber unfreundlich. Eine Frau die eigentlich schon nervt bevor sie Ihr Maul aufmacht.

Er war Tatoowiert bis ans Kinn, vielleicht 35. Liebes Gesicht und ziemlich fetter Arsch, aber ein Mega Lörres den er bei jeden Saunagang stolz präsentiert. Und wie konnte es auch anders sein.
Auch sein Penis ist Tattoowiert !!!

Auch ich war an diesen Tag in der Sauna und traf Daniel. Die Ranken seiner zarten Buschwindröschen wurzelten über seinen

Damm und erblühten über seinen Hodensack zaghaft nach oben, bis zur Mitte seines Gliedes. Die Vorstellung Daniels Schwanz in mir zu haben oder Ihn auszusaugen, macht mich ganz wuschig.

Das Dumme Paar verlässt die Sauna endlich und wir sind allein. Langsam beginnen wir zu flirten. Ich bemerkte dass sich der Aggregatzustand seines Lümmels verändert.

Plötzlich kommt diese eingebildete Scheisskuh wieder in die Sauna zu uns. Dass war mir zu blöd, also ging ich.

Zu meiner Verwunderung kommt er gleich nach. Der Prachtlatte entlang genau zu mir. Den ganzen Tag haben wir es getrieben. Am Ende darf man von Ihm kaum noch Sperma erwarten. Es handelt sich um von Daniel mühevoll Zutage gefördertes Prostata-Sekret. Da ich Ihm mehr als einmal das Loch lecken musste hatte er richtig harte und feuchte Arschorgasmen. Zuckend und süß !!!

Am See dann die Blicke, das Ignorieren unserer Leidenschaft füreinander. Oft hab ich das Gefühl dass er schlecht über mich redet und sich lustig über mich macht.

Aufstehen, Krone richten, Weiter gehen !!!

P.S.: Bleib so wie du bist Daniel. Bussi aufs Schwanzi, dein Martin !!!

Bei meinen Schwiegereltern in Tirol:

Schon lange war ich nicht mehr in Tirol bei meinen Schwiegereltern. Es ist bestimmt schon 4 Jahre her. Aber Dezember 2019 war es wieder mal soweit, denn Weihnachten steht vor der Tür.

An Weihnachten nach Tirol zu fahren ist eine Mischung aus Dankbarkeit und Nostalgie. Bereits am Flughafen in Klagenfurt bereue ich meine Entscheidung.
Da sitze ich nun. Mit knapp 200 anderen Österreichern in Ihren fürchterlichen Outfits und Frisuren aus der Hölle. Allesamt lächerliche Witzfiguren die sich allen überlegen fühlen.

Wenn man in Tirol ankommt und die malerischen Landschaften sieht, hat man ständig das Gefühl in einen Heimatfilm zu sein. Aber sobald die Tiroler die Fressen aufmachen ist es auch schon wieder vorbei. Nicht alle Tiroler sind furchtbar. Es wäre vermessen von mir alle über einen Kamm zu scheren. Mein Freund ist ein Traum von einen Mann und gehört zu den wertvollsten Menschen die ich kenne und Liebe !!!

Was bitte ist denn mit den Tirolern blos los ???
Österreichische Nationalisten die Angst vor einer Globalen Welt haben? Eine Welt die Ihnen zu schnell geworden ist und Ihnen davonrennt. Sie haben Angst vor Fremden und bestehen Starr auf Ihre eigenen Traditionen und Werte. Dass sie eine dunkle Seite aus Korruption haben ist nicht von der Hand zu weisen.

Im Sommer werde ich einen Monat nach Tirol reisen und mir eine feste Meinung bilden, denn vielleicht stimmen sie mich ja noch um. Mal sehen.

Bis jetzt jedoch finde ich Tiroler komisch und stehe ihnen skeptisch gegenüber. Man denke an die Kindheit meines Freundes, der da nie sonderlich Willkommen war.

Er sieht heute noch die Gesichter seiner Mitschüler und Nachbarn die ihn verspotteten und verprügelten vor sich. Ihre gehässigen und unzufriedenen Fratzen. Die bösen Blicke. Er empfindet heute keinen Hass, sondern Mitleid für sie. Sie waren einfach überfordert mit Ihm. Der Trendsetter, der er vor 30 Jahren war, muss ihnen vorgekommen sein wie ein fremdes Wesen aus der Zukunft. Wieder etwas das Ihnen Angst machte.

Aber Mittlerweile hat sich das geändert. Schwule sind Mittlerweile geoutet und liegen voll im Trand. Jeder will und muss unbedingt einen Homo kennen. Wenngleich man sich die Österreichische Bergschwulette nicht so vorstellen darf wie ihre Schwestern in den Metropolen Österreichs. Etwa wie in Graz, aber auch in Kärnten und vor allem Villach. Auf dem Land handelt es sich mehr um leicht tuntige Bauern. Weiß Gott, hab ich in Faak am See Bauern kennengelernt die ich beim ersten Anblick geoutet hab und die es bis heute leugnen. Aber ich weis Bescheid, denn mein Geschwultes Auge sieht alles !!!

Es gibt dann natürlich noch Minenarbeiter, Schafhirten und

Baumfäller in Tirol, bei denen man nie auf die Idee kommen würde dass sie gerne einen Penis in den Mund nehmen. Ein Blick ins Internet zu verschiedenen Dating Apps spricht jedoch Bände.

Für mich als Mann aus der Stadt ein wahres Paradies. Unverbrauchte Prachtschwängel die nach Enzian und Edelweiß duften und einfach so auf der Weide stehen und bereit sind, abgemolken zu werden.

Schade dass ich in nur drei Tagen Aufenthalt keine Zeit für Sexuelle Eskapaden habe, da Martins Familie meine Zeit und Energie in Anspruch nimmt. Ich hätte die Sahne so gern zur Butter gestampft !!!

Ich langweile mich in Tirol immer zu Tode. Jedes mal !!! Nachts wache ich auf und werde Taub von der Stille die hier vorherrscht. Die Luft ist so Rein und Klar dass man aufpassen muss nicht daran zu ersticken.

Aufgefangen werde ich aber von den Menschen bei denen ich Willkommen bin und bei denen ich mich in Sicherheit wiegen darf.

Menschen für die ich Mensch bin. Nicht weil ich ein schriller Paradiesvogel oder ein schriller Millionär bin. Man mästet mich. Mit Liebe, Tratsch und fetten Essen. ***Die Tiroler Küche und besonders jene von meiner Schwiegermutter ist in der Tat SPECKtakulär und für Diäten nicht geeignet.***

Kurz bevor der Alltag einkehrt und ich beginne alles Scheisse zu finden, sind meine Drei Tage aufenthalt auch schon wieder vorbei.

Ich muss hier weg um nicht zu sterben. Irgendwann komme ich wieder nach Tirol zu meinen Schwiegereltern. Ganz sicher. Vielleicht bleibe ich dann sogar vier Tage !!!

Das Fickfest in Finkenstein mit Michi:

Ich hab mal eine Kolumne geschrieben und musste dafür sehr viel Kritik einstecken. Mir wurde unter anderem Homophobie und Menschenverachtung vorgeworfen. In Wirklichkeit hab ich nur die Wahrheit geschrieben. Das, worüber sich sonst keiner zu schreiben wagt. **UnverBLÜHMt und Roh.**

Es ist mir völlig klar, dass meine Texte oft zu hart für schwache Gemüter sind, und es ist nun mal auch erwiesen dass nichts mehr weh tut als die Wahrheit !!!

Vor allem wenn man sich selbst dabei entdeckt und erwischt fühlt. Als Enthüllungskolumnist ist es jedoch meine Pflicht, die Realität unverzerrt wiederzugeben.

In diesem Kapitel geht es um meinen besten Freund Michi und seiner Leidenschaft. Es geht IMMER NOCH SCHLIMMER !!!
Leider.

All das was ich Euch hier schildern und beschreiben werde, hat nichts mit Schwulenfeindlichkeit oder Diskriminierung zu tun. Heteros sind in keiner Weise besser. ***Der einzige Unterschied ist: Sie machen es nicht Tagsüber mitten auf der Strasse.***

Nicht so wie Michi. Die alte Pottsau !!!

Michi trifft sich gelegentlich einige Tage mit einigen Leder Schwestern um seinen verrückten und geilen Fetisch auszuleben.

Am Sonntag trifft er sich Tagsüber beim Sparparkplatz in Finkenstein. Etwa 100 in Latex und Leder gepackte oder Teils unbekleidete Schwule trifft er hier um mit Ihnen zu Saufen, Quatschen und zu Tanzen. Sehen und gesehen werden lautet das Motto und Dauerbrenner unter den verkleidungen ist der ***Hund.*** *Natürlich und Sexuell. Mal läuft Michi Arschfrei rum, mal unten ohne und mal oben ohne. Sein Schwänzchen darf immer frei wackeln. Letztes Jahr hat er sich auspeitschen lassen, und vor einigen Tagen hat er einen 70ig Jährigen öffentlich gepeitscht. Anderen wiederrum uriniert er ins Gesicht und lässt sich im Gegenzug Vollscheissen. Einige stehen halt drauf und onanieren beim zusehen.*

Als Hund verkleidet lässt sich Michi das Po-Loch Beschnuppern, während sein Herrchen, der gute Christoph, sich ein kühles Blondes genemigt. Oder ein warmes Gelbes. Je nach Geschmack !!!

Nadja, die gleich oben am Haus über den Sparparkplatz wohnt sieht alles. Jedesmal macht sie sich Popcorn dazu mit viel Butter und beobachtet das Treiben und Butterfingert sich dabei mal die Vagina und mal das Arschloch !!!

Abends wird es besonders Krass. Selbst die meisten Schwulen würden den Glauben an die Welt verlieren.

Für viele Anwohner ist es doch ein bisschen viel und heftig. ***Letztes Jahr erlitt Anneliese einen Herzinfarkt, nachdem sie Ihren Balkon betrat und das bunte Treiben sah.***

Ein weiteres Problem ist der Kulturschock für viele Flüchtlinge und Ausländer. Die müssen beim Fetisch-Fick-Fest an Michi vorbei. Aber das sehe ich letztlich ganz gelassen. Wenn man den Krieg in Syrien überlebt hat, überlebt man Michi auch !!!

Für das Analloch übernehme ich keine Haftung.

Der Job meines Lebens:

Ich war noch keine Stunde an Board, da sind schon die ersten Kerle mit erigierten Gliedern aus dem Whirpool gestiegen und begaben sich auf Ihre Kabine um dort zu vollenden, was in den Feuchtgebieten an Deck aus Hygienegründen nicht erlaubt ist.

Wenn die Rentner die eine Woche später auf das Schiff kommen um Ihren Urlaub hier zu verbringen, wüssten was passiert ist, könnten sie sich nicht mehr richtig entspannen.

Ich war Chefsteward auf einem beliebten schwulen Kreuzfahrtschiff.

SIEHE AUCH DAS KAPITEL :
MEINE KREUZFAHRT AUF GRAN CANARIA !!!

Ich muss sagen, was man da alles immer erlebt ist der helle Wahnsinn. Im Jahr 2004 war ich da schon wie im Kapitel über die Kreuzfahrt geschrieben, Steward, und wurde 2019 zum Chefsteward gekrönt. Ja, ich hab den Job angenommen.

Es war gestört, krank, sexy, spaßig und einfach nur geil !!! Ich war fast schon überall auf der Welt arbeiten. Ich wurde immer erste Klasse eingeflogen oder hab mir das Ticket erblasen. Auch die teuersten Hotels hab ich durch(geblasen) !!! Es hat mir mal mehr, mal weniger gefallen.Richtig wohl fühlte ich mich aber nur in

Hollywood !!!

Von meinen Job als Chefsteward auf dem **Men Only Boat** *kann ich aber sagen: Es war der Job meines Lebens !!!*

Als Bestsellerautor, Sänger, Masseur und Unterhalter, ermöglichte mir das Schiff unendlich viel Quatsch auf allen Ebenen zu machen. Natürlich bin ich für jeden Auftraggeber ein wahrer Glücksgriff. Weil ich alles kann und dass auch noch gut !!! Ein Schwuler mit normalen Talenten ist ja Unnütz auf so einer Kreuzfahrt. Die Gäste wollen schließlich nicht jeden Tag eine Vollplayback Show !!!

Auf so einer Reise will man jeden Tag eine neue Insel entdecken und jeden Abend neu Entertaint werden. Egal wo und egal wie und womit ich aufgetreten bin - Ich brachte Stimmung !!!

Selbst als Reiseleiter war ich überzeugend. So gab es eine Weinführung bei der ich mich nur auf das beschränkte was ich am besten kann: SAUFEN !!!

Auch massierte ich Abend für Abend Gäste die nicht einschlafen konnten. Mal mit der Hand, mal mit dem Mund.

Die Reise des Men Only Boat´s in Maspalomas war genau so wie immer wenn ich da Arbeite. Ein bunte Mischung aus jungen Models und alten Männern. Gewürzt mit Strichern, Transen und jeder Menge Hässlicher Schwulen aus der Hölle.

Selbstverständlich viel nackte Haut. Es gab schließlich ein eigenes FKK DECK !!!

Hach, ich liebte diesen Job so sehr. Da wurde mehr gebumst als auf der ORF Besetzungscouch. 24 Stunden. Tag und Nacht. Dank der Alkohol Flatrate war sich wohl niemand mehr im klaren was da alles so passiert ist, aber hingehalten haben sie alle. Vorder und Rückseite.

Die Hitze der Sonne auf Gran Canaria machte vielen zu schaffen und so waren für Sonennfaule, Zettelchen auf der Außenseite der Kabinentür. Da standen sooooo lustige Sachen drauf wie:

Blasgeiles Paar 42 und 69 empfangen Täglich von 18 bis 23 Uhr. Alles sehr Hygienisch.

Oder:

Für Anal einfach klopfen.

Am besten waren aber immer die Zettel wo Fotos der Genitalien abgebildet waren. **Aber Vorsicht !!!** *Ihr glaubt gar nicht wie jung Penise aussehen können, obwohl sie an alten Körpern hängen. Ich hab ja viele Hobbys aber Leichenfledderei gehört nicht dazu.*

Gott sei Dank haben viele Urlauber Ihre Tür über Nacht offen, sodass man erst noch die Gesichter begutachten kann bevor man sie wach Fingert.

Seit dieser Kreuzfahrt frag ich mich ob es wohl bei NORMALEN Kreuzfahren auch üblich ist beim Betreten des Restaurants die Hände zu desinfizieren. Oder macht man das nur bei Schwulen so weil man Angst hat dass sich die Seuche von der Salatbar aus auf das ganze Schiff überträgt ?!

Wie auch immer. Ich bin ein junger und moderner Mann, der keinen trend mitmacht, sondern Trends erfindet.

TIPP: *Bitte bucht nicht bei großen Reiseveranstaltern und Megaschiffen. Die bekommen die Reise nicht mit Schwulen ausgebucht und lassen dann Billigtouristen und sogar Kinder an Board. Horror.*

In Maspalomas auf diesen tollen Schwulenschiff hab ich Freunde fürs Leben gefunden. Dass ist nichts sexuelles. Schwule sind der reinste Horror, aber wenn man sich mit Ihnen einmal anfreundet hat man den Spass seines Lebens auf Erden. Wir, ich meine uns Schwule, sind Gewaltfrei, besoffen und immer gut drauf.

Klar, ein paar Scheissziegen gibt es auch, aber man braucht ja auch Laster Material !!!

Was ich in Maspalomas so treibe:

Maspalomas ist so wunderschön. Als ich vor vielen Jahren das erste Mal auf die Insel kam, gefiel sie mir auf Anhieb. Ich hab mir dann da ein Haus gekauft da ich so oder so auf Suche war, und warum nicht gleich auf diese Wunderschöne Insel.

Schon auf dem Weg vom Flughafen in meine Villa in „Sonnenland“, erkannte ich, dass hier Party keine Lebenseinstellung, sondern eine Industrie ist. Ohne Moral jagen dort Veranstalter und Clubbetreiber nach den berühmtesten DJ´s und buntesten Transvestiten. Gerade zur PRIDE, denn die wird dort Hoch gefeiert !!!

Der Aufwand der dafür betrieben wird ist gigantisch. Auf den Straßen sowie in den Schaufenstern der Läden und von den Dächern der Hotels und Wohnhäuser prangern gigantische Schilder und Plakate in den schillerndsten Farben von oben auf einen herab.

David Guetta lächelt einen an, als würde er persönlich zu einem sagen: **Komm heute Nacht in meinen Club und wir haben gemeinsam die Zeit unseres Lebens.**

Und den hatte ich mit Ihm auch schon, aber ich Schweige !!!

Kultur, Naturschutz, die anregenden Landschaften und die

wundervollen Dünen gibt es selbstverständlich auch. Nur leider Interessiert sich niemand dafür. Jeder ist damit beschäftigt seinen Rausch vom Vortag auszuschlafen, ein neues Outfit für die nächste Party zu besorgen oder einen Drogendealer ausfindig zu machen.

Denn soviel Party wie auf dieser Insel abverlangt wird, kann kein Mensch mit natürlichen Resourcen durchstehen. Schlimmer ist es nur auf Ibiza.

Ich war gerade wieder in Maspalomas. Gleich zu Beginn zog es mich in den angesagtesten Club der Insel. **Moods Club Canarias**

Der Laden brauchte tatsächlich nur knappe 10 Minuten um mich zu entzaubern. Hässliche Mädchen aus England, Russland und Deutschland, die sich aufgebrezelt hatten wie Nutten aus den 90igern. Die standen dann mit einem Becher Bacardi Cola an der Wand und warteten auf zuhälterartige Gegenstücke ihrer eigenen Person. Wie Zitronenhälften die aufeinander gelegt werden und in der Presse dann entsaftet werden.

Heteros, Homos, Nutten und Omas. In Maspalomas fickt alles was noch ficken kann und nach Mitternacht noch munter ist.

Kein Scherz. Ich hab Rentnerinnen mit Rolatoren gesehen, die trugen trotzdem HighHeels und haben sich am Behindertenparkplatz auf Ihren Gehhilfen von heißblütigen Canarios *(so nennt man dort die Einwohner)* ***durchnehmen lassen.***

31 AGOSTO 2019
MOOD
SCALA HEAVEN
TICKETS A LA VENTA
STANDARD 13€

Und eines kann ich garantieren. Sie haben jeden einzelnen Stoß genossen.

Zurück zum Moods Club. Mit 13 Euro Eintritt pro Person und Getränkepreisen von 20 Euro für einen Longdrink und 14 Euro für eine kleine Mineralwasserflasche ist weder der Moods Club noch der Rest der Insel etwas für kleine Geldbörsen. In den restlichen Clubs ist es nicht viel besser. In manchen Restaurants und Bars ist es da schon etwas besser von den Preisen. Ist aber etwas Abseits der Touristengebiete.

Wer nicht bereit ist einen Durchschnittsmonatslohn in 2 Nächten zu verpulvern, braucht gar nicht erst in den Flieger steigen und auf meine schöne Insel kommen.

Es haben mich andere Clubs geflasht. Mir fallen auf die schnelle nicht alle Namen ein. Einige haben ein tolles Design und aufwendige Bühnen. Dann gibt es wieder welche die nicht so auf Menschenmassen ausgelegt sind. In der Woche etwas Mau, steppt hier Wochenends der Bär. Ich hab mich mal in den Poolbereich eines Hotels, nähe des Flughafens eingeschlichen. Ich hab dann später rausgefunden dass man als Nicht Gast auch rein darf. Ich musste da rein, denn hier liegen Homosexuelle in knappen Badehosen herum und lassen sich in der Sonne brutzeln und vom Personal verwöhnen.

Die Getränke sind bezahlbar und kalt, zu sehen gibt es viel und die Toiletten sind dauerbesetzt !!!

Die Kellner lassen beim Servieren schon mal den Popo blitzen. Unterwäsche trägt hier niemand. Wenn man in deisem Hotel einen Nachmittag verbracht hat ist man spätestens um 19 Uhr so dicht, dass man sofort ins Bett muss.

Wer Strand und Meer liebt, dem empfehle ich gleich zum **Playa de Maspalomas** *zu gehen. Dass ist ein Weltwunder und es grenzen direkt die Dünen.*

Der Stand ist traumhaft exotisch. Wundervolles und meist glasklares Wasser. Man setzt sich einfach hinein und bleibt dort Stundenlang. Die Dünen sind Naturschutzgebiet und seit Corona ist das Betreten nicht mehr erlaubt. Ich hoffe diese Regel wird bald wieder aufgehoben.

Man kann sich auch sportlich betätigen denn an einigen Orten sind Geräte zum trainieren aufgestellt. Was für ein Anblick.

Wer es Schwuler, Nackter und Billiger mag, legt sich einfach einige Meter weiter in den Sand, denn es grenzt auch gleich ein FKK Strand an den normalen Familienstrand.

Eine schöne Mischung aus Jung und Alt, Nackt und Angezogen. Mit meiner Spiegelsonnenbrille von Armani sondiere ich immer auf meinen tollen Strandtuch die Geschlechtsorgane meiner Begierde, die ich mir dann bei meinen anschließenden Spaziergang durch die Dünen zu Gemüte führe.

Nadja´s Selbstbefriedigung, statt Christians Schwanz :

Selbstbefriedigung wird heutzutage ja gar nicht mehr als Variante der eigenen Sexualität wahrgenommen. Die Gründe dafür sind doch eindeutig: Die Schnelllebigkeit unserer Zeit und die Übersexualisierung durch die Medien und Internet.

Für Nadja ist Onanie ein Mittel zum Zweck geworden. Zwischen Frühstück und Dusche ist Ihre Befriedigung zu einem 3 Minuten Akt verkommen, um anschließend so entspannt wie möglich in ihren harten Arbeitstag zu starten.

Ihre Finger-Akrobatik verhält sich im Grunde wie mit dem Spülen Ihrer Toilette nachdem sie reingeschissen hat. Man macht es einfach – redet aber nicht darüber !!! Schade !!!

Sie ist ein WORKAHOLIC und die Selbstbefriedigung hat längst die Rolle des klassischen Sex eingenommen. Mehr als 5 Minuten sexuelle Betätigung pro Tag lässt Ihr Beruf und die gesellschaftlichen Verpflichtungen oft gar nicht zu. Ihre Praktische Lösung ist es, sich selbst zu machen, als Stundenlang auf LOVOO Christian nachzujagen, sich mit Ihm am Faaker See zu treffen, an und ausziehen und hinterher wieder alles saubermachen !!!

Nadja musste man damals nur auf ein Essen oder ein Getränk einladen. Danach konnte man sie einfach so knallen. Ja, so ein unverbindliches Sextreffen mit Ihr ziehte sich meist über Ein bis Drei Stunden. Bei dieser Berechnung sind Rasier und Fahrtzeiten noch gar nicht mit eingeschlossen.

Manchmal nutzt sie Selbstbefriedigung als Abreaktion. Völlig verpornt, durch unzählige Handyvideos und Onlineportale, lassen sich in ihrem wirklichen Leben schon mal gar nicht so viele Sexualpartner finden, wie sie es eigentlich zur Befriedigung Ihrer Triebe benötigt !!!

Und wenn sich Christian dann doch noch opfert, scheitert es an der Bereitschaft zu Hardcorepraktiken und Perversionen, die sich für Nadja als völlig Normal darstellen !!!

Wegen der totalen Überforderung von Christians Seite, kommt es also gar nicht erst zum Koitus. Dann Wichst Christian lieber, bevor er sie zusammenschlägt. Ja, auch darauf steht die Alte.

Ein anderes Problem das Nadja hat:** Sie getraut sich auch gar nicht mehr zu Dates zu gehen, da Ihre Vagina bis zur unkenntlichkeit abgescheuert ist. Dass war aber auch schon so bevor Ihr erstes Schamhaar gewachsen ist. **Es ist einfach nur Peinlich, Ihre Labberfotze jemanden anzubieten, wenn sie als solches durch Übernutzung und völliger Ausfransung gar nicht mehr erkennbar ist !!!

Masturbation ist für Nadja längst zur Sucht geworden. Sie leidet nicht alleine. Laut der neuesten Studie ist Österreich eine Nation der Wichser, die unter dieser Krankheit leiden.

Ihre Selbstbefriedigung hat bereits das Rauchen und die Computerspielsucht abgelöst und gilt nach Alkohol und Essen als die Drittgrößte Sucht in Ihren Leben !!!

Nur Saufen ist noch beliebter bei Ihr als FINGER REIN !!!

Schäden für Körper und Seele gibt es nicht. Klar, das zwanghafte Onanieren an unangemessenen Orten wie auf der Couch Ihrer Arbeit, beim HALLO-WC am Faaker See oder beim Einkaufen beim Spar, kann fatale Folgen haben, aber solang sie niemanden weh tut, find ich das völlig ok !!!

Nur Petra, Ihre beste Freundin und Arbeitslose Sozialhilfeempfängerin, befriedigt sich nicht selbst. Denn auch hier spiegelt sich der aktuelle Lebenszustand wider. Sie ist schlicht zu Faul dafür. Lieber die vierte Wiederholung von ***„Mitten im Leben“*** *ansehen und ne kalte Pizza fressen.*

Selbstbefriedigung kann aber auch etwas schönes sein und Wellness dazu !!! Einmal die Woche verbindet Nadja die ***„Romanze mit sich selbst“****, als Feier. Dabei zelebriert sie „Autosexualität“ in angemessener Form.*

Nach einen langen Frühstück so gegen 10 Uhr Morgens, gönnt sie sich eine heiße Dusche und backt danach Nackt einen Kuchen. Immer wieder schmiert sie sich dabei Stellen Ihres körpers mit roher Teigmasse oder Tortenfüllung ein, um sie anschließend Lustvoll von sich selbst abzuschlecken !!!

Dabei Chattet sie mit Christian und lässt sich Adrette Dick-Pics aufs Handy schicken, um Ihre Stimmung noch weiter anzuheizen. Dann wirft sie den Kuchen ungebacken in den Mülleimer und öffnet eine Flasche Champagner. Dass alles ohne sich bisher auch nur ein einziges mal selbst berührt zu haben.

Mittlerweile ist es 16 uhr und sie ist leicht beschwipst. Jetzt geht's aber langsam ins Badezimmer, wo sie sich von oben bis unten mit ihrem Lieblings-Gleitgel ***(Beef Jerky mit Glitzer)*** *einreibt.*

ERST JETZT treffen Ihre Hände und Ihre Vagina aufeinander. Sie berührt sich immer wieder. Heißer Dampf steigt aus Ihrer Badewanne. Im Sturzflug eilt sie noch einmal durch alle Penisfotos von Christian. Nun lässt sie sich im Schaum sinken und legt nach sieben Stunden Vorspiel und Austropfend vor Lust endlich los.

Jedesmal, kurz bevor sie kommt, lässt sie heißes oder kaltes Wasser aus der Brause über ihren französischen Luxuskörper laufen, um den Moment der Erlösung möglichst lange rauszuzögern. Kurz nach 18 Uhr hat sie es dann geschafft. Das Badewasser kann abgelassen werden.

Nadjas Profi-Tipp:

Nie ans Telefon gehen wenn Mutti anruft. Nichts ist bei Selbstbefriedigung abtörnender als die eigene Familie. Bevor man sich selbst anfasst, sollten auch alle Rechnungen bezahlt sein, denn ungelöste Finanzprobleme verhindern Lust und bei Männern können sogar Erektionsstörungen auftreten !!!

Denise und die Stadtschlampen:

Denise ist 14 Jahre alt und ein braves Kind, als sie dass erste mal in Ihren Leben einer Stadtschlampe begegnet und macht direkt eine unangenehme Erfahrung mit Ihr, bzw. mit Ihnen. Denn es mussten ja auch gleich noch 2 sein. Soooooo Typisch.

Dazu muss man wissen dass in Ihren Leben nichts so abläuft wie im Leben normaler Menschen. Wenn sie morgens aufsteht um Brötchen zu holen, endet das meistens in einen handfesten Skandal.

Wenn normale Menschen schlafen, ist sie wach und macht Hausübungen, wenn andere lachen, muss sie weinen oder essen. Sie trinkt nicht, sie säuft !!! Sie joggt nicht, sie läuft Amok !!!

Wenn sie auf Facebook posten würde dass sie für den Weltfrieden verantwortlich ist, bekäme sie einen Shitstorm, auch wenn sie dies tatsächlich nachweisen könnte.

Obwohl sie mehr hat als die meisten Menschen, ist sie meistens unglücklich. Umgekehrt findet sie Dinge und Situationen unglaublich lustig, über die sonst kaum jemand lacht. Ist sie die große Missverstandene ? Oder versteht sie alle Miss ?

Jungs die sie lieben, laufen Ihr in Scharen hinterher, doch wenn sie mal jemanden liebt wie Noah, Michael oder Lenny, dann will derjenige nichts mit Ihr zu tun haben. Und da sind wir schon wieder bei den Stadtschlampen.

Es war ein verregneter, kalter Dezember Abend und sie war mit Noah, ihren Schwarm aus der Schule verabredet. Seitdem beide im Schulhof gemeinsam an einer Zigarette gezogen hatten, den ältere Schüler achtlos weggeworfen hatten und sie dann hinterher in der Schultoilette übereinander hergefallen sind, ist sie in Ihn verliebt !!!

Natürlich ist sie so Intellektuell und es ist ihr völlig klar dass es Noah ganz egal war, von wem der Mund kam den er in diesem Moment brauchte und wer oder was da noch dran hing.

Mein Gott, es hätte auch der Schulhund-Anus oder ein warmer Apfelkuchen sein können.

Jedenfalls kam Noah nicht zum verabredeten Ort und so fuhr Denise wieder mit dem Bus nach Hause, als sie lautes Gelächter hörte. Es war Noah mit 2 anderen Mädchen. Sie ging Wuntentbrannt zu ihn und wollte Ihn anschreien, doch, weil er sie so lieb ansah, konnte sie nicht anders, als ganz leise mit ihm zu reden und ihm sofort alles zu verzeiehen. Die Liebe macht eine Idiotin aus Ihr.

Er und die 2 Stadtschlampen waren auf dem Weg ins Haus am Faaker See. Sie ging Eifersüchtig mit. Die Eltern sind nicht da und so wollte er die Gelegenheit nutzen um sich dort zu betrinken und LSD zu nehmen.

Es war natürlich kein LSD. Höchstens ein in Hustensaft getränktes Blatt Löschpapier, aber wenn man 14 ist und 3 Schnäpse getrunken hat, glaubt man einfach alles !!!

Kaum hatten Noah und die Stadtschlampen das Löschpapier aufgefressen, ging es auch schon mit einer wilden Bumserei los. Abgesehen davon dass nichts an Denise Lesbisch ist und sie tatsächlich nie mit einer Frau schlafen würde, wurde sie auch nicht gefragt ob sie mitmachen wollte.

Sie lagen zu viert nebeneinander auf einem Doppelbett und niemand fasste sie an. Noah befriedigte die Stadtschlampen und die Stadtschlampen sich gegenseitig.

Ganz genau konnte Denise dass nicht sagen, denn es wurde vorher das Licht ausgemacht. Nur ab und zu bekam sie einen Ellbogen oder einen Fuß ins Gesicht.

Am demütigsten waren aber die Geräusche die Noah mit den Stadtschlampen produzierte. Erst waren es nur Schmatzgeräusche vom Küssen. Später konnte man deutlich hören, dass auch noch andere und wesentlich mehr Lippen in die ganze Sache involviert sein musste.

Dieses Erlebnis löste Ihre allererste Psychose aus und hat sie nur wenige Jahre danach zur größten Stadtschlampe in Villach werden lassen.

Ja, sie wurde zur Königin aller Stadtschlampen !!!

Und das als quasi „Magd vom Lande". Die Jahre verstreichen und sie wurde groß und größer und schließlich Erwachsen.

Ihr seht also, Denise ist gar keine **NATURAL PORN STADTSCHLAMPE !!!** *Sie wurde es hauptsächlich aus Rache.*

Man möchte meinen, dass sie aus der Geschichte etwas gelernt hat, doch die Antwort lautet: NEIN !!!

Neulich war Denise in Begleitung von 3 wundervollen Männern, die Ihr sehr viel Bedeuten und die sie allesamt SEXY AS HELL findet. Sie waren unterwegs zum Warmbaderhof. Einer der Männer, Christian, hat es Ihr besonders angetan, doch irgendwie stellt sie sich seit Jahren so doof an, um bei ihm zu landen oder ihm ihre Liebe zu gestehn.

Sie hat es schon mehrmals versucht, aber es wurde immer wieder als Scherz von Ihm abgetan.

Sie treiben also alle vier an der Oberfläche im Swimmingpool und hörten Unterwassermusik die irgendein Kack DJ am Rande des Pools auflegte. Als plötzlich eine Hand Ihren Arm streifte und streichelte. Denise wagte es nicht hinzusehn, denn sie hätte es nicht ertragen können wenn es nicht Ihre große Liebe Christian gewesen wär.

In der Annahme dass es Christian war, der sie so zärtlich und schüchtern berührte, ließ sie immer mehr Körperkontakt zu und es kam zu einem Kuss.

Erst jetzt schlug Denise Ihre Augen auf, denn der Bart von Michael kitzelte ihr Gesicht. Christian, der keinen Bart trägt, saß längst schon am Beckenrand und beobachtete die beiden.

Als sie Ihm einen verzweifelten Blick zuwarf, stand er auf, zog sich an und verließ für immer Ihr Leben.

Meine Entjungferung durch Daniel:

Mein ganzes Leben lang hatte ich nur Pech mit Männern, bevor ich den Mann meines Lebens gefunden hab. *(Naja, oder sie mit mir)* ***So genau kann man dass ja nicht sagen, denn Geschichten haben immer zwei Seiten.***

Wer es noch nicht mitbekommen hat oder es aus meinen ersten Buch **RATTENSCHARF** *rausgelesen hat, dem möcht ich nochmal sagen, dass ich im Laufe meines Lebens mit über 2 Millionen Männern geschlafen hab. Was mich zu Österreichs praxisnahesten Sexperten macht. Und dass mit 20 !!! Also dass soll mir erst mal einer nachmachen.*

Wenn ich eines gelernt hab, dann das auch die schönsten Männer beim Sex ein echt fieses Gesicht haben können. Ihr sogenanntes Sex oder Orgasmusgesicht. SCHRECKLICH !!!

Man schleppt einen Schönling ab und während man im fünften und letzten Stock des City Hotels in Villach, leicht wippend auf ihm sitzt, entdeckt man plötzlich, dass man gerade ein Monster bereitet !!!

Den wenigsten kann man es sagen, denn es handelt sich meistens doch um Vorgesetzte, Senatoren oder den Pagen des Hotels.

Aber egal wie. Für die Wahrheit waren meine Sexualpartner immer zu Einflussreich oder zu Arm. Hätte ich ihnen gesagt wie bescheuert sich ihre Fressen beim Sex verziehen, ich hätte entweder mein eigenes Leben, oder dass der anderen zerstört.

In Beziehungen habe ich es damals ebenfalls nie weit gebracht. Es ging gleich mit meinen ersten Freund los. Er war 30 und ich 16. Ich fuhr zu einer Party bei Freunden und lernte dort Daniel kennen. Er war mit seiner Freundin da, die eine echte Ägyptische Prinzessin war. Sie und ihre verdammte kleine Schlampenschwester waren so wunderschön und trugen Namen wie aus Tausend und Einer Nacht. Sie rochen nach Sandelholz und Rosenblütenblättern und in Ihren Augen konnte man von Kairo bis nach Bagdad sehen.

Wenn aber ein Mann nun mal dem verheißungsvollen Pochen eines Penis verfallen ist, hilft dass alles gar nichts mehr. Daniel verliebte sich sofort in mich, er verließ Kleopatra und wir trafen uns eine Woche lang. Waren in alten Kinos unterwegs wo er mich befingerte und ich ihn abgeblasen hab. ***Für mich war es die ganz große Liebe und für Ihn wohl eine Art Pädophilie.***

Ich hatte ja auch noch so viele Pubertätspickel und nur 20 Kilo !!! Ja, ich war immer ein sehr dünnes Kind. Sollte ich mich in Gewicht, Alter und Aussehen geirrt haben, so war ich in jedem Fall der Junge Geliebte. Darauf bestehe ich jeztzt. Also, wie auch immer !!!

Bereits im Grundschulalter gab es mehrere jämmerliche Versuche von Klassenkameraden mich zu entjungfern.

Derjenige der mich findet, den geb ich einen aus.
Klassenkameraden ausgenommen !!!

Hinterher stellten sich ihre vermeintlichen Wohltaten als harmlose Doktospiele heraus. Daniel war der Erste, der es dann professionell erledigt hat. **Die totale DEFLORATION !!!**

Meine Entjungferung war gleichzeitig meine Nahtoderfahrung. Daniels überdimensionaler Penis fuhr mit einer derartigen Wucht in meinen zarten Körper ein, dass meine Seele selbigen in der gleichen Sekunde verließ.

Ich schwebte plötzlich an der Zimmerdecke und konnte mir selbst beim Sex mit Daniel zusehen. Immer wieder versuchte ich in meinen Körper zurück zu gelangen um den Freuden meiner Entjungferung und Daniels Stöße zu erleben. Doch es gelang mir nicht.

Wenn man stirbt merkt man es gar nicht so richtig. Es fühlt sich nicht schlimm an und es tut auch nicht weh. Es ist wundervoll warm und alles scheint egal zu sein. Also ein bisschen so wie wenn man gekifft hat.

Ich hab mich schon damit abgefunden ins Licht zu gehen, da kam ich wieder ins Bewusstsein zurück. Gefolgt von einem Knallen und einem Schmerz, aber ich schrie vor Freude wieder, am Leben zu sein. Ich atmete tief ein und meine Haut färbte sich rot. Eine vermeintliche innere Blutung trat in Form von männlichen Ejakulat aus meinen Körper heraus.

Ich bin ja kein Arzt aber ich hab da folgende Theorie:

Daniels Penis war so Groß dass meine Seele beim Eindringen keinen Platz mehr in meinen Körper hatte und diesen in der Zeit wo er in mir war, verlassen musste.

Dies hatte meine Bewusstlosigkeit zur Folge bei der es sich in Wirklichkeit um eine Art Totschlag handelte.

Mein Glück war, dass Daniel ein Zufrühkommer ist und nach 6 Minuten meinen Körper wieder verließ. Was meiner Seele kurz vorm Wechseln der Seiten wieder ermöglichte in meinen Leichnam zurückzukehren.

An diesem Tag bin ich gestorben und wieder neu geboren worden. Seitdem feiere ich still und heimlich meinen Geburtstag aus genau diesen Anlass. Das erklärt auch warum ich erst 20 bin !!!

Daniel lebt heute übrigens mit beiden Ägyptischen Prinzessinen in einer Vielehe zusammen und ist Fett und Zuckerkrank geworden.

Mein Leben – Teil 2:

Ein Leben das man gelebt hat, lässt sich nicht Rückgängig machen. All die Fehler, all die verpassten Chancen, das Leid und die Tränen, das Gute und das Böse. Man kann alles verdrängen, vergessen oder auch ausblenden. Es bleibt doch an einem haften. Bis zum Ende. Sichtbar und unsichtbar.

Ich war damals 17 und versuchte vergebens die Schwulenszene für mich einzunehmen, denn ich war eine schreckliche Göre. Hysterisch, Cholerisch, Großkotzig, Beratungsresistent und Billig. Meine Klamotten kosteten weniger als das Fast Food Menü bei Mc. Donalds, welches ich mir dreimal am Tag reinstopfte. Weil ich mich so wenig Liebte, taten es auch andere Menschen nicht.

Erst Jahre später begann ich mich mit mir und den Personen um mich herum auszusöhnen. Das Gute anstatt das Böse zu suchen und zu sehen. Ich lernte mich und die Menschen zu lieben. Ein Prozess der bis zum heutigen Tag andauert.

Nach wie vor stolpere ich in Situationen in denen ich mich einfach nur Minderwärtig vorkomme. Doch während ich noch vor Jahren in solchen Momenten an mir zweifelte, empfinde ich heute nur noch Mitleid und Erbarmen für die Personen die mich in solche Situationen bringen.

Ein Lächeln hilft immer !!!

Mein Geheimnis beruht auf der Formel, dass ich über mich selbst lachen kann. Egal wie schlimm oder toll die Ereignisse um mich herum sind oder wie gut oder schlecht es mir gerade geht.

Für mich sind Lachen und Humor die Schlüssel zum vollkommenen Glück !!! Und ich bin fast jeden Tag in meinen Leben glücklich.

Doch was bin ich für Kärnten? Was bin ich in den Augen der anderen und was denkt die eigene Community über mich?

Da mach ich mir nichts vor und vermag es bestens, mich selbst zu reflektieren. In den Augen der meisten Menschen bin ich eine ordinäre Schlampe, die Menschen beleidigt, immer und überall Sex hat, Perverse und Provokante Geschichten veröffentlicht. Ein Opfer der Gesellschaft !!! Ein Mensch ohne Lebensinhalt. Ein Alkoholiker und Drogensüchtiger. Eine Oberflächliche Person die Schande über eine ganze Generation von Homosexuellen gebracht hat.

Das alles trifft zu. Traf zu !!! Denn vor 14 Jahren war es genau so !!!

Es verging kaum ein Tag, an dem ich nicht in meinen eigenen Urin aufgewacht bin. Dazischen war es sehr schwer mit mir befreundet zu sein oder gar mit mir Arbeiten zu müssen. Jeden Tag dachte ich an Selbstmord. Ich hab die Freude am Leben verloren und dadurch

KÄRNTENS VULGÄRSTE
HU
RE

viele Jahre meines Lebens verschenkt.

Dass alles ist lange her und ich möchte hier auch niemanden sagen dass ich mich verändert hab. Nur Idioten sagen von sich selbst dass sie sich verändert haben.

Es ist mir auch völlig egal ob es meine Umwelt bemerkt hat oder nicht. Ich weiß für mich selbst dass es so ist und der Erfolg gibt mir recht.

Ich hab so tolle Freunde und auch so fantastische Bekannte !!! Man darf einfach keine Angst haben Gefühle immer wieder neu zuzulassen und man muss sich für jedes Individuum mehr als nur einmal öffnen !!!

Wenn meine Freunde wüssten wie Langweilig ich in Wirklichkeit bin, würde sich niemand mehr Interessieren für mich !!!

Nach zwei Gläsern Wein will ich eigentlich schon ins Bett. Ich Liebe Günther Jauch und Markus Schwanz, äh, wie ? Lanz !!! - Auch wenn ich gegen Mitte oder Ende der Sendungen immer einschlafe.

Vom Wurstsalat bis zu frischem Brot vom Bauernmarkt in Faak, bekomm ich nie genug. Ich bin Süchtig nach gemischt belegten Bauernbroten der hießigen Bauern und bekomme nie genug.

Ich hasse Sport, aber Schwimmen finde ich super !!!

Ich schaue mir gern historische Stätten und Museen an. Durch mehrere Rückführungen hab ich erkannt das wir mehr als nur ein Leben besitzen und sehe mir dadurch gerne die verschiedensten Epochen an.

Ich hab soooo viele Hobby's, eines davon ist Bücher zu erstellen. Nicht als Schrift sondern als BUCHUMSCHLAG !!! Aber mein liebstes Hobby ist das Singen. Meine Gesangsstimme ist so Wunderschön und Leidenschaftlich. Bei einigen Auftritten die ich früher hatte, hatte ich immer schreckliches Lampenfieber. So krass, dass ich oft glaubte daran zu sterben. Menschmassen machen mir solche Angst !!!

Ich mag sonnige Frühlingstage, den Heissen Sommer und den Stürmischen Herbstwind. Den Winter mag ich überhaupt nicht.
Ich trinke viel Alkohol im Sommer, nehme keine Drogen (mehr), und hab vor vielen Jahren das Rauchen aufgegeben. Gut, ich fing wieder an, aber geb mir stets Mühe wenig oder gar nicht zu rauchen.

Ich kann fremde Kinder nicht leiden und würde mein letztes Hemd für meine geliebten Schwuletten hergeben. Auch für Dich, Nadja. Keine Panik !!!

Ich hasse Ungerechtigkeit und hab deshalb auch schon einige Jobs als Kolumnist verloren oder erst gar nicht bekommen, weil ich einfach meinen Mund nicht halten kann.

Tiere sind mir Lieber und Wichtiger als Menschen. Früher fürchtete ich den Tod. Jetzt schon lang nicht mehr. Aber Angst hab ich immer noch vor dem Alter oder den Altern an sich !!!

Leider muss man Alt werden und sterben, um Kritikern den Wind aus den Segeln zu nehmen. Solang man lebt, sind die nicht in der Lage eine einfach Arbeit oder Lebensleistung zu beachten oder zu beurteilen.

Die Zeit steht an meiner Seite und wird Nörgler und blöden Kühen schon irgendwann mal sehen lassen, was bisher nur ich sehen kann !!!

Nadja und der Schneebesen:

Ihr wisst, ich hab ein Haus auf Gran Canaria. Irgendwann werd ich ganz Auswandern. Es ist nur eine Frage der Zeit. Ich möcht euch jetzt eine Geschichte erzählen die ich so auf Gran Canaria vor einigen Jahren erlebt hab.

Nach dem Ausschlafen und nach einen gehaltvollen Frühstück, machte ich mich auf den Weg in die berühmten Dünen, um dort die Gurkenernte einzufahren.

Am Strand angekommen, nahm ich meine schönen Gucci Schlappen in die Hände um den Sand und das Wasser des Ozeans auf meiner Haut zu spüren. Gedankenversunken und keine 200 Meter weiter war ich dann plötzlich inmitten des FKK Strandes. Alle Sexuell Hyperaktiv.

So muss sich Alice gefühlt haben als sie dem Versprechen des Kaninchens folgte und sich im Wunderland wiederfand. Ich war, Martin im Pornoland.

Gut abgehandenes Fickfleisch, welches hier in völligen Exzessen übereinander herfiel.

Die Knoblauchzäpfchen machten den Geist wohl willig, aber die

Körper waren schwach.

Ihr habt es an einer anderen Stelle meines Buches schon gelesen und dadurch eh schon mitbekommen dass Menschen, die nach Gran Canaria kommen schon jenseits der 50 sind und hier auf meiner tollen Insel noch einen auf Doll machen !!!

Frischfleisch gibts ja nur einmal im Jahr. Und zwar wenn man am 11. November den großen Karneval feiert. Zehntausende Kostümierte ziehen von der Innenstadt an den Strand.

Das mit dem Frischfleich ist übrigens nur eine Theorie von mir, denn ich nehme an dass bei einer solchen Menschenmasse auch zwangsläufig junge Leute dabei sein müssen. Ich kann mich auch total irren, denn Kostüme verschleiern die Realität und am Ende des Tages ist es völlig egal, weil man betrunken eh alles vögelt was noch einen Puls hat.

Mein Gott, wenn ich alte Männer nackt sehe, denke ich immer an den Tot und warum fangen Hoden am Ende des Lebens an so schrecklich tief zu hängen ??? Warum sehen Eier ab 60 so traurig aus ??? Und vor allem, warum hört man in der Penison auf sich den Sack zu rasieren, obwohl man doch mehr Zeit hat als zuvor ???

Wechseln wir kurz das Thema, denn meine beste Freudin Nadja besuchte mich auf Gran Canaria. Sie kommt immer um dort Hemmungslos und Öffentlich zu bumsen !!!

Es berührt mein Herz wenn ich sehe wie meine liebste Nadja zwischen vertrockneten Stauden den Stängel eines Opis massiert und ich denke dann immer für mich:

Schau an, schau an. Bei der geht schon wieder was. Mitten im Geäst, in einer Sandgrube, so tief, als hätte dort eine Schildkröte ein Loch gegraben um ihre Eier dort abzulegen, lag sie drin. Ihre blondbraunen Haare, modern und Glitzerspray auf ihren Brüsten, völlig ungleichmäßig verteilt oder von der Sonnencreme verschmiert. Nackt und Unbeachtet von den Männern, die meistens eh schwul sind. Ihre Haut war knusprig braun, wie jene Brathühner bei meinen Lieblingshühnerbräter beim Spar in Faak, der immer im Sommer da ist. Wo in dessen Buffet sich das Federvieh Tagelang im eigenen Fett dreht bevor ein Käufer es erlöst und hinterher mit einem Fünfeuroschein und schrecklichen Durchfall dafür bezahlt !!!

Nadja griff mit einer Hand immer wieder in den Sand, als wollte sie nach einem Baumstamm oder einem Scheit suchen dass sie nicht fand !!!

In der anderen Hand hielt sie einen Schneebesen und masturbierte heftig damit. Warum ein Schneebesen und hat sie den aus meiner Küche ??? Es ist doch total unüblich einen Schneebesen mit an den Strand zu nehmen oder täusch ich mich ?!

Gran Canaria ist ja so eine elende Bumsinsel !!! Das nächste mal wenn sie vor hat auf die Insel zu kommen darf sie als Billigtouristin gern in ein schäbiges Hotel gehen und sich da ein Haushaltsgerät greifen um ihr Scheidensekret schaumig zu schlagen !!!

Noch nie zuvor hatte ich in meinen Leben einen Menschen gesehen der so inbrünstig Spass und Freude mit sich selbst hatte und ich berichtete schon über Sie in dem Kapitel über Selbstbefriedigung. Es war wie bei einem schrecklichen Unfall. Entsetzlich und Faszinierend zugleich !!!

Völlig selbstbewusst und breitbeinig behandelte sie ihre Vagina wie eine Schüssel in der gerade der leckerste Kuchenteig der Welt angerührt wird. Und wo Teig ist sind auch Kinder die naschen wollen nicht fern.

Ich war schon immer ein Kind dass seine Finger nie aus der Teigschüssel lassen konnte, aber das augenblickliche Angebot schreckte mich dann doch etwas ab. Es verstörte mich nahezu.

Ein Problem das Nadja offensichtlich nicht hat. Ganz im Gegenteil. Nadja liebt Kuchen und wollte wohl an diesem Nachmittag nicht auf Ihre Kaffeezeit verzeichten !!!

Gleich zwei ältere Herren die ich persönlich als zu Alt und zu Schwach eingestuft hätte, machten sich an Nadja ran.

Wo eben noch der Schneebesen Blasen schlug, steckte jetzt ein netter Opipimmel mit Hängeeiern die im Takt der Einmarschkappele Hitlers nach Österreich, drin.

Die Hängeeier die auf Nadjas Kniescheiben patschten !!!
NEVER FORGET !!!

An diesen Tag hatte ich keinen Sex in den Dünen. Aber in 11 Jahren bin ich 50 und an diesen Tag will ich ausgewandert sein und meinen Geburtstag dann auf meiner schönen Insel verbringen und feiern. ***An einem Sonnigen Tag am Meer mit zwei Männern und einen Schneebesen !!!***

Wenn ich zum Villacher Fasching als Frau unterwegs bin:

Wie jedes Jahr, Anfang des Jahres, geht's zum Villacher Fasching. Immer verkleidet als Frau. Aber nicht als Billige Transe, sondern als Wunderschöne Frau mit Stil und Klasse. Zumindest dem Äußeren nach. Ich bin Wunderschön und kaum zu erkennen dass ich mal ein Mann war. So gut bin ich in der Umverwandlung !!!

Da stellt sich doch die Frage:
Warum nicht mal eine Frau mit Schwanz ?!

Es mit einem Transvestiten, einer Transe oder Transexuellen zu treiben ist nicht jedermanns Sache. Jedoch gibt es Männer die sich regelrecht darauf spezialisiert haben. Für sie kommt nichts anderes infrage als ein Schwanzmädchen zu knallen oder geknallt zu werden. Es ist eine Jahrtausende alte Tradition und im 21. Jahrhundert sogar der ultimative Kick !!! Bei Junggesellenengruppen gelte ich als Partyspaß und unter Bekannten als Mutprobe. Bei Fußballvereinen gehört es zum guten Ton mich einmal zu haben und für Südländer ist es völlig normal. Sex mitt mir als Transe ist in den Augen vieler Menschen pervers. Passt dadurch wunderbar in unsere Zeit und macht die ganze Sache zum untimativen Thrill !!! Ja, es ist plötzlich sogar cool mit mir als Frau zu schlafen !!!

Transenliebhaber sind meist Männer zwischen 25 und 45 Jahren mit einer stark ausgeprägten Sexualität, ansprechenden Äußeren, machohaftem Getue und saftigen Prachtlatten.

Diese Gattung lässt sich in Zwei Typen einteilen:

Der Junge Börsenspekulant. (Ein perfekt gekleideter Anzugtyp mit Gelfrisur und weißem Zahnpastalächeln. Er ist ein Frauenliebling und vernascht diese auch Reihenweise. Sein Ego lässt es aber nicht zu nur bei Frauen gut anzukommen. Er will die ganze Welt in seinen Sexbann ziehen, möchte aber auch nicht schwul sein.)

Der andere Typ der auf Frauen mit Penis steht, ist der Typ ROCKSTAR !!!

(Ein draufgängerischer Rabauke, der offen und tolerant durchs Leben geht und alles nagelt was ihm vor die Flinte kommt. Diese Männer tragen mittellanges Haar und dies auch auf der Brust, abgenutzte Jeans und lässige Lederschuhe. Meist sind Ihre Körper übersät von Tattoos und sie geben vor Freunden und auch auf dem Arbeitsplatz gerne den „schüchternen" Romantiker.)

Im Gegensatz zum Börsenspekulanten lassen sie es nicht raushängen dass sie sexy sind, wissen es aber ganz genau. Direkt zu sein ist nicht ihre Masche und meiner eigenen Erfahrung nach, muss man diese Männer, wenn man sie haben will, von sich aus ansprechen !!! Schwule Männer treiben es in der Regel übrigens nicht mit Transen. Sie stehen ja auf Männer. In fast 100% der Fälle auf solche die auch so aussehen !!!

Warum treiben es also Hetero-Männer so gerne mit mir als Transe ???

Ein Teil von ihnen will seine homosexuelle Ader an mir ausleben ohne das Gesicht zu verlieren. Sex hat ja immer mit Macht zu tun. Aber man sollte hierbei nicht vergessen dass es für viele Männer der ultimative Kick ist. Etwas Verbotenes das man mit niemanden teilt. Ein dunkles Geheimnis.

Männer die Sex mit Trans-Wesen freizügig und offen ausleben sind im Grunde schamlose Sexprotze.

Bei vielen südländischen Kulturen sind Transen und Analverkehr Mittel zum Zweck. Man kann mit einer „Frau“ Sex haben, ohne diese zu entehren oder zu entfungfern und damit Wertlos machen.

HOCH LEBE DER VILLACHER TAXIVEREIN !!!

Zum Villacher Fasching trifft man dazu alles was nur Rang und Penis hat. Da ich da als Wunderschöne Frau unterwegs bin, bzw. im „Stern“ in der Stadt rumhänge, kann ich an Heteroschwänzen rumlutschen, die betrunken genug sind um mich für eine ECHTE zu halten und mit Transenfickern rumhuren die mich auf die billigste Art haben wollen die es gibt. **Oder ich hab einfach nur Spass mit Freunden, wo ich die Grenze niemals überschreite !!!**

Lustig
wars

Ich bin nur einmal im Jahr eine Frau und das lebe ich in allen Zügen aus. Am Morgen danach lass ich mich von der Feuerwehr abpumpen und alles ist wie gehabt !!!

Meistens wenn ich zu Fasching im „Stern" sitze, kommen dann brave Familienväter zu mir. Sie gelten als verständnisvolle Ehemänner, aber bekommen zu Hause nicht das was sie brauchen oder auf das worauf sie stehen. Und dass sind meist sehr ausgefallene Wünsche.

Junge Frauen mit Kindern sind doch meist mit den langweiligsten und belanglosesten Sexwünschen gänzlich überfordert !!! Sie wollen den Penis ihres Mannes nicht in den Mund nehmen und wenn doch, dann bitte nicht all zu tief reinstecken, da sich sonst Mamas Würgereflex meldet. Vom Schlucken wird Ihnen schlecht, da sie Sperma als Ekelhaft erachten und die Hintertür bleibt sowieso verschlossen.

Dass sind sie, die banalen Dinge die eine gewöhnliche Frau verachtet, aber ich als Transe LIEBE !!!

Sex mit mir als Transe zu haben ist wie ein Besuch in Disneyland. Sex mit einer echten Frau zu haben ... nun ja ... so eher Spielplatz „Arneitz" !!!

Eines kann ich den amtlichen Dreilochstuten mit auf dem Weg geben: <u>Für eine Transe wird Euch euer Mann niemals verlassen, für eine echte Frau aber schon !!!</u>

Für Samstag.
Mal sehn obs dieses
Outfit wird ?!

Christoph der Prüde Langweiler:

Ja, Christoph war die größte Hure der Stadt !!! Zuerst hat er gebumst weil er Jung war, weil er sehr Jung war. Wenn man frisch aus der Pubertät kommt, geht es ja quasi um nichts anderes. Es war wie ein Zwang bei Christoph. Er hatte so wenig Ahnung vom Leben und war so unfertig. Er dachte, er weiß was er will, aber in Wirklichkeit wusste er gar nichts. Er war wie alle anderen in diesem Alter – Eine Hohle Nuss !!! Oberflächlich, arrogant und dauergeil.

Die Jahre vergingen und nun bumste er aus Spass an der Sache. Nicht mehr Zwanghaft aber viel zu oft. Dann kam der Erfolg beim Spar und er hatte plötzlich Zugang zu den schönsten Männern der Welt. Ja sollte er denn NEIN sagen???

Als Christoph 22 wurde, verliebte er sich unsterblich in einen Jungen Mann namens Michi. Und mit Liebe meine ich wirklich Liebe. So eine Liebe, dass man lieber sterben würde als ohne den anderen zu leben. Eine Liebe, bei der man sich ohne den anderen immer Unvollkommen und Alleine vorkommt. Die reinste Liebe – zu Michis HAUS !!!

Obwohl er es nie so richtig zeigt, ist es doch zu spüren und allgegenwärtig. Wenn sie zusammen sind, schlagen ihre Herzen im selben Takt.

Christoph vermochte Michi nicht eine Sekunde anzusehen ohne zu lächeln.

Und obwohl Michi ihm versprach, es niemals mit Ihm zu versauen, ging er fremd. So schrecklich. ***Michis Passion und Leidenschaft sind und bleiben nun mal 90ig Jährige Uraltrentner inWindeln. Da stinkt halt Christoph mit seinen Jungen Knabenkörper voll ab.***

Es verging unendlich viel Zeit , die er hauptsächlich damit verbrachte, traurige Lieder zu hören oder an Selbstmord zu denken. Aber sein Leid war so groß dass selbst Selbstmord sein Leiden hätte nicht lindern können. Deshalb hat er es sein lassen und hat sich mit den wesentlich quälenderen Panikattacken vorlieb genommen.

Nachdem Christoph Tausend Tode gestorben war, wachte er irgendwann auf und erkannte dass die ganze Welt so geworden ist wie er. Monogamie ist etwas für Loser, Idioten und Trottel !!! Für Leute die den Schuss nicht gehört haben.

Dabei dachte er dass er sich weiterentwickeln würde wenn er sich auf Liebe und Monogamie einlassen würde. Er war der Tatsächlichen Meinung dass er auf eine höhere Stufe gesetzt wird wenn er das Rumgehure sein lassen würde.

Es ist Christoph klar, dass er mir seinen Verhalten aus Offensichtlich allen schemen falle, aber wisst ihr was? Das ist ihm völlig egal !!!

In Zeiten wie diesen hat eh kein Schwein mehr Rückgrat. Also sieht er es als seine große Lebensaufgabe die Fahne der Monogamie hochzuhalten und der letzte Dinosaurier zu sein, der diese auch praktiziert.

Das macht Ihm zur kleinsten Minderheit der Welt, weil er da vermutlich alleine ist. Er verurteilt niemanden der sich so benimmt wie er es einst getan hat, aber für Ihn ist es einfach keine Option mehr.

Prüder Langweiler

Meine Tage bei Nadja:

Es roch nach Vanille und Zimt an jenem Nachmittag, als das Licht der Sonne in warmen Orangetönen durch die weißen Vorhänge blitzte, die weich im Zugwind tänzelten.

Als ich mich konzentrierte und daran erinnerte wo ich war, bemerkte ich, wie weh mein Kopf noch tat und wie ermüdet meine Knochen waren.

Ausgelaugt und geschröpft von der letzten Saufnacht. Mein Herz schlug langsam. Obwohl dies nicht mein Zuhause war, fühlte ich mich hier geborgen. **Dies ist das Haus von Nadja !!!** *Ich hatte nach einer heftigen Partynacht bei ihr übernachtet weil ich nicht mehr nach Hause konnte.*

Nadja ahnte wohl schon lange vor mir dass ich aufwachen würde. In dem Moment als ich mich streckte und das erste mal bereit war meine Augen zu öffnen, stellte sie mir heißen Grießbrei mit Vanillesoße und Zimt auf den Wohnzimmertisch, den ich immer schon so hässlich fand.

Ich muss wohl Stundenlang geschlafen haben auf dem unbequemen Sofa dass direkt hinter dem hässlichen Tisch stand. Ich war froh dass ich hier war und nirgends anders auf der Welt.

Langsam schälte ich mich aus der geliehenen Samtdecke von Nadja, bedeckte meinen französischen Luxuskörper mit einem Frotee-Morgenmantel den mir Nadjas Mama geliehen hatte und trank heißen Kaffee. Der Zigarettenrauch in der Küche Ihrer Eltern war unerträglich, aber ich konnte nicht aufhören bis die ganze Schachtel fast leer war.

Später spülte ich einen tiefen Lungenzug mit einem kräftigen Schluck Wodka hinterher und ließ die Kristallkaraffee offen auf dem Sideboard stehen. Vielleicht würde ich zurückkommen und die unbändige Lust verspüren, sie ganz zu leeren.

Es war Nacht geworden und ich ging in den Garten hinaus, in die Dunkelheit. Eine schreckliche Stille, von der man taub werden kann. Mit großer Freude zog meine Nase lange Bahnen an frischer und klarer Landluft durch die Nüstern.

Mein Körper war von so viel Gesundheit angewidert und forderte die nächste Zigarette ein.

Barfuß und Rauchend wandelte ich durch den rießigen Garten. Nach all dem was Nadja mir für Horrorgeschichten erzählte über den Garten des Grauens, konnte mir der Garten nichts anhaben. Ich bin furchtlos bei solchen Dingen.

Viel zu Müde um die Last des Morgenmantels weiter zu tragen, sank ich ganz oben im Garten angekommen, Nackt in Nadjas Kräuterbeet.

Geerdet und fokusiert wachte ich am nächsten Morgen auf. Es fror mich ein wenig und ich hab den Morgenmanten dann wieder angezogen. Die Zigarettenschachtel war leer, aber das machte mir für die nächsten 10 Minuten nichts aus.

Ein letztes Frühstück bei Nadja. Die Eier waren zu hart und der Schinken zu bäuerlich. Sie meint es ja nur gut.

Man sollte Menschen die sich vom Balkon stürzen würden, wenn einen selbst etwas zustößt, nie beschimpfen !!!

Doch wie immer wenn ich bei Nadja zu Besuch war, hatte ich auch dieses Mal das furchtbare Gefühl, nicht genug Zeit mit Ihr verbracht zu haben. Ihr nicht genug gezeigt zu haben wie sehr ich sie in mein Herz geschlossen hab und was sie mir als beste Freundin bedeutet !!!

Dann kam schon mein Freund Martin mich abholen. Wartend unten beim Spar. Es begann zu regnen ***und so endet die Geschichte meines Lebens und meiner Freunde.***

Ich liebe euch alle. Ihr seid Wertvoller als alles was es auf der Welt gibt und Ihr seid mit Gold nicht aufzuwiegen !!!

Wir sehen uns wieder. Vielleicht im dritten Buch und wenn Nadja wieder Drehen beginnt, dann freu ich mich auf Analschlampen 4 !!!

Ich möchte euch noch einen kleinen Profitipp zum Abschluss hinterlassen um euch das Geheimnis meiner Schönheit und Jugend zu verraten:

SPERMA

DANKE

ISBN 978-3-7529-8976-2
www.epubli.de

Printed in Great Britain
by Amazon

24644127R00086